LES AUTEURS

Stéphane ARFI

En mai 90, perdu dans un amphithéâtre de Sociologie, il se lève soudain, fixe son professeur et meugle un borborygme terrifiant venu de nulle part: « HOOKIPA ! HOOKIPA !! FUCK ! FUCK ! FUCK !! I'M POSSESSED TO SAIL! ». Deux mois plus tard, il devient reporter à Wind Magazine. Ceux qui l'ont connu en Licence (de Droit), à Sciences Pô (Paris) se souviennent de ce jeune homme de 24 ans : « Un garçon très bien. Sérieux et propre sur lui. Il lisait tous les jours le Herald Tribune. Jamais nous n'aurions cru ! Enfin... ».

Robert TÉRIITEHAU

Ce Néo-calédonien de 24 ans, d'origine Tahitienne, est l'un des meilleurs funboarders internationaux. Champion de France à l'âge de 15 ans, il explique : « Si l'on apprend la planche en se faisant plaisir, celui-ci restera tout au long de sa progression. Dès lors, la passion vous guette ! Encore faut-il bien apprendre... et bien comprendre ».

Bernard BIANCOTTO

37 ans, photo-reporter à Wind et dans les plus grands magazines du monde, Bernard Biancotto, qu'on surnomme dans le milieu marseillais « Docteur Biancotte », est grâce à son petit œil agile, un habitué des clichés exceptionnels et autres prises aquatiques hallucinantes.

Je tiens à remercier tous ceux qui ont permis la réalisation de ce livre, BIC SPORT et UP SAILS, Thierry Verneuil, Antoine Bich, Jean-Michel Gaigné, le soleil de Maui, Riri, Driveurloc, le vent, les Aspro 500, Robert et Bernard pour leur gentillesse et leur amitié, Fifi, les seins de Jessica pour avoir été là quand j'en ai eu besoin, Loulou, Professor Griff, L.L Cool, Pierre Bigorgne and Christian Le Bozec...

Photocomposition : Typolaser, Estagel.
Photogravure : Laserpunt, Barcelone.
Impression: Achevée d'imprimer a ALVAGRAF, BARCELONE. Mai 1991
Réalisation : Mas Jordi.
Ont collaboré : Claire Artiglia, Lucien Quaglia.

ISBN 2.7234.1364.0 - ISSN 1142-7027.
Dépot légal: B-14.436-1991

SOLO

FUNBOARD

COLLECTION DIRIGEE PAR
CHRISTIAN LE BOZEC

CONCEPTION GRAPHIQUE ET REALISATION
MARC TOURNAIRE

Glénat

ROBERT Tériitehau dans ses œuvres avec, en navigation, un pied posé sur l'avant du flotteur. Du grand art.

UN PIED SUR LE flotteur. Un autre pied prêt à le rejoindre. Le premier départ en planche à voile est un grand moment. Robert amorce ici un beach start.

LES 12 COMMANDEMENTS DU FUNBOARDER HEUREUX

1 Le bon état de ton matériel avant de naviguer tu vérifieras.

2 Une bonne condition physique, surtout dans la brise, tu auras.

3 La règle de priorité du tribord amure tu respecteras.

4 En attaquant une manœuvre, que tu ne gènes personne tu vérifieras.

5 Toujours au vent de ton point de départ tu navigueras.

6 Sur la plage, planche face au vent et wishbone dans le sable tu disposeras.

7 D'un spot où le vent vient off-shore, oh oui tu te méfieras.

8 Seul, au grand jamais, tu ne navigueras.

9 Le bulletin météo local, par cœur tu connaîtras.

10 En arrivant du large sur la plage, le shorebreak tu fuiras en tirant la planche par le footstrap arrière.

11 Chez un pro, ton matos et des conseils tu iras chercher.

12 De fun, oh que oui, dans Wind Magazine tu te gaveras.

UP
ULTRA PROFILE SAILS
TERIITEHAU E 35
QUIKSILVER
PETER STUYVESANT TRAVEL
BIC Sport

JUMP OVER THE SEA ou l'aerial d'un windsurfer talentueux dans tous les compartiments du fun.

GLOSSAIRE

ABATTRE : écarter l'avant de la planche de l'axe du vent.

AMURE : désigne le bord sur lequel le vent est reçu. Tribord amure (le vent vient de la droite) et bâbord amure (le vent vient de la gauche).

AU VENT : en direction du vent. En navigation tribord amure : partie droite du flotteur soumise au vent par rapport à l'axe de la planche. Inverse pour le bâbord amure.

BORDER : ramener le wishbone vers soi pour fermer l'angle de la voile.

BRAFOUGNE : vent violent. Quand les conditions sont over-brafougne, les héros sortent leurs planches.

CHOQUER : action inverse de border, pousser sur la main arrière pour ouvrir l'angle de la voile.

FAUSSE-PANNE : navigation gréement gonflé. La chute étant le bord d'attaque.

FUNBOARD : de « fun » (plaisir) et « board » (planche). Désigne les flotteurs sans dérive, plus rapides, plus maniables, plus techniques que les longues planches. On fait du fun au-dessus de force 3. Au-dessous, on muse sur la plage.

GINETTE, ENCORE DEUX BORDS ET J'RENTRE ! : expression employée après seulement une semaine d'initiation.

GINETTE, VIENS ME CHERCHER, 'M'ÉLOIGNE ! : expression que l'on emploie très régulièrement dès les premières heures d'apprentissage.

JIBE : manœuvre d'abattée et empannage avec prise de carre sur l'arrière de la planche.

LOFFER : rapprocher l'avant de la planche de l'axe du vent.

PÉTOLE : idéale pour apprendre à plancher, la pétole devient pourtant rapidement l'ennemi juré du funboarder.

PRISE DE CARRE : modification de l'appui sur l'assiette latérale du flotteur, côté virage intérieur, comme en ski.

PURÉE, J'Y CROIS PAS : locution que l'on prononce lorsque l'on avance sur sa planche pour la première fois.

ROBERT !! : cri de ralliement des fans lorsqu'ils assistent aux exploits du Calédonien sur une étape de Coupe du Monde.

SHAPER : (prononcer chaipeur) spécimen vénéré qui conçoit, fabrique des planches personnalisées. Nous l'aimons.

SHORE BREAK : endroit où cassent les vagues le long de la plage, dangereux pour le matériel.

SOUS LE VENT : dériver par rapport au point de départ. En navigation, partie opposée à la partie au vent.

SPIN-OUT : décrochage au niveau de l'aileron.

WIND MAGAZINE : The bible. La référence. Le fun plus ultra.

WIND OFF SHORE : vent de terre (s'abstenir de naviguer, merci).

WIND SIDE SHORE : vent parallèle à la terre.

WINDSURFER : planchiste.

Le saut en funboard : un instant inoubliable. Une discipline reine.

STUYVESANT
TRAVEL
West

DEPUIS LE DÉBUT, les planchistes ont cherché à défier les vagues quelles que soient leur taille. Le contact avec la puissance de la mer est un moment délicat et magique...

SOMMAIRE

BiC
sport
QUIKSILVER
PETER STUYVESANT TRAVEL

ROBERT ATTAQUE toujours avec détermination ses jibes. Ici, dans le vent fort, il pose même son gréement (au point d'écoute) sur l'eau pour assurer un meilleur appui. Mouvement radical.

TRAVEL
Sport

F.35
UP
QUIKSILVER
PETER STUYVESANT TRAVEL
BIC Sport

Histoire d'un sport en mouvement perpétuel

Sentir la force du vent sur la plage, avec sa voile. Opération que le Calédonien répète tous les jours.

LA NAISSANCE ET LES TRIBULATIONS D'UN SPORT QUI A FAIT PASSER LE BIG BANG POUR UN PÉTARD DE FOIRE. EN QUELQUES ANNÉES, LA PLANCHE A ENVAHI LE GLOBE, ELLE A DÉCOUVERT L'INCONNU, BRAVÉ LES OURAGANS, PERDU 40 % DE SA TAILLE ET 70 % DE SON POIDS, TOUT EN RESTANT TÊÊÊLLEMENT JEUNE...

La Mecque du funboard. Hawaii, plage d'Hookipa. Le spot des exploits où se pratique la planche extrême.

Comme nombre de sports de glisse, la planche à voile est née aux Etats-Unis. C'est Hoyle Schweitzer et Jim Drake qui furent les premiers à en hurler la paternité. La « Windsurfer », grand, large et désormais illustre flotteur sur lequel une génération de véliplanchistes allait apprendre les rudiments du sport, a fait son apparition sur les rives californiennes. C'était à Los Angeles. Nous sommes à la fin des années 60. Les habitants des quartiers de la Marina Del Rey, de Malibu ou encore de Pacific Palissades observent de leurs petits yeux ahuris quelques excentriques qui tentent de tenir debout sur une grosse planche, en secouant un instrument bizarre en forme d'os de poulet (le « wishbone »). De ce sport américain à l'origine, les surfers hawaiiens allaient rapidement s'emparer pour faire des folies dans les déferlantes géantes. Dès lors, Hoyle Schweitzer comprend qu'il va imploser sur toutes les mers et tous les plans d'eau du monde. Notre homme se lance dans une entreprise de dépôt de brevet tous azimuts et crée la marque Windsurfer. Dans son emportement, il « oublie » de déposer son brevet dans un pays dont il n'imagine pas un seul instant qu'il puisse être intéressé par cette invention loufoque : la France. Du rang de plus gros fabricant de planches, la France allait devenir également le premier des consommateurs d'engins flottants. Résultat : la plus grande entreprise de construction de planches dans le monde s'appelle BIC et bénéficie d'une position de leadership concurrencée un temps par un autre producteur français, aujourd'hui détenu par un holding nippon : TIGA (du nom d'une île calédonienne), marque dont Patrick Dussossoy, entrepreneur passionné, fera les beaux jours durant les windy eigthies.

Fin 1972, les toutes premières planches débarquent sur les côtes françaises via l'Allemagne (second marché) d'où elles sont importées sous licence. C'est Charles Daher, ingénieur marseillais de son état, aujourd'hui Président de l'Ecole de Funboard Pacific Palissades, qui lance la planche à voile dans l'Hexagone. A l'époque, personne n'y croit vraiment et Charles Daher lui-même reste sceptique. « Je pensais que ce gadget ne passerait pas l'été, se souvient-il, on ne savait pas s'en servir. Tout juste disposait-on d'une vieille photo où on voyait un type qui tenait vaguement dessus et puis d'un film tourné à Hawaii ». Quelques Marseillais bien fadas s'essayent ainsi à cette planche à repasser surmontée d'une voile triangulaire sous les yeux d'une Méditerranée qui n'en revient pas. La « pinch' à 'oile » est née. A Hawaii, qui va devenir l'épicentre de l'univers de la planche, personne ne se satisfait de la lourdeur et de la difficulté à manier ce gros flotteur qui ressemble de plus en plus à un bateau. En effet, et il fallait l'admettre : les inventeurs de la planche avaient perdu de vue que les sports de glisse étaient, avant tout, des activités de loisirs et de délassement. Le plaisir devant primer la difficulté. Les surfers toisent alors gentiment les spécimens qui s'agitent en vain sur ces engins...

BACK TO SURF ROOTS, MAN !*

Quatre hommes (Ken Winner, Matt Schweitzer-le fiston, Larry Stanley et Mike Waltze) comprennnent que cette fantastique découverte ne doit pas se détourner de son objectif premier (l'éclate transcendantale) et cherchent à simplifier sa conception. Aux grands maux, les énormes remèdes : les voilà qui COUPENT les planches (moins de 3 mètres désormais) et qui RETIRENT la dérive. Pan. Trouvaille révolutionnaire, la planche à voile retourne directement à son origine, le surf. Résultat : un beau jour, l'Allemand Jurgen Honsheid débarque sur la plage de Diamond Head (Oahu, Hawaii) avec un véritable surf à voile, qui ne flotte pas. La planche, plus légère, armée des « cale-pied » est maniable au possible. Il surfe les vagues, saute plus haut et s'explose enfin. Les « Beach Boys » peuvent enfin chanter pour les windsurfers, la planche arrime son histoire à celle des dieux polynésiens. En 1973, un môme de 13 ans, originaire de ce même spot de Diamond Head, remporte le Championnat du Monde Windsurfer en se mettant à l'arrivée sur la tranche de son flotteur, ce qui stupéfie tout le monde. Ce gamin blond aux yeux bleux, qui a déjà le respect et l'admiration des surfers est en passe de devenir une légende vivante. Son nom est Naish. Robby Naish. Dès lors, ce garçon simple et sérieux, majestueusement doué dans les vagues, va faire rêver des milliers de jeunes. Au passage, il incarnera à jamais l'histoire de la planche à voile.

Au début des années 80, le windsurf connaît une explosion sans précédent. La Torche, spot breton, attire le temps d'une compétition, les foules et les télés du monde entier. En pleine crise économique, le salon nautique offre un étage entier à ce loisir de plage en passe de devenir rapidement un sport global. La planche à voile intrigue et passionne, dérange certains et fascine les vacanciers fatigués de muser bêtement sur la plage. Le nombre de marques est vertigineux : on compte en 1983 plus de 190 modèles présentés au Salon Nautique ! En 84, la profession annonce plus de 500 000 planches vendues dans le monde. Purée ! Le public s'empare de la planche à voile avec passion.

Wind Magazine, du haut de ses 100 000 exemplaires, symbolise la rencontre entre des jeunes avides d'espace et de liberté toujours, d' « American way of life » parfois, et un sport

---

* retour aux racines du surf.

sain, aquatique et qui ne sent pas des pieds. Sur les plages, les CRS cessent de surveiller les baigneuses pour s'inquiéter des évolutions des planchistes. On note la poussée intempestive de cocotiers un peu partout sur le globe. Les reportages sur les exploits, spectaculaires, des bouffeurs de vagues hawaiiens font florès. Les funboarders veulent tous se pyroxider la tête et se peindre en fluo pour ressembler à leurs héros. La mode s'empare des vêtements des surfers et des planchistes qu'elle offre en pâture au grand public à grand renfort de concepts prêts-à-penser (« Surf style » ; « Surfin' life » sans oublier le fameux et gravissime « Sea, sex and windsurf »). Victime de son succès, l'image du windsurf est malmenée, parce qu'activité prospère. Ainsi range-t-on un peu vite une population pourtant hétérogène dans la catégorie « surfers-écervelés-biscotto-et-p'tites pépées ». Dans le même temps, commence à se structurer un circuit de Coupe du Monde, la très célèbre World Cup. Un championnat qui, à l'image de la formule 1, deviendra d'une part, une compétition majeure attirant des milliers de gens sur les spots du monde entier et, d'autre part, un fantastique laboratoire de test de matériel. Les inventions les plus folles y sont soumises aux coureurs, par des artisans-shapeurs qui réalisent des flotteurs personnalisés. Peu à peu, les très grandes planches à dérive sont remises aux placards au profit de planches plus légères, plus petites et qui permettent d'évoluer encore plus librement. On passe de l'ère de l'empannage à celle du jibe. De la navigation pépère à celle dans des conditions nettement plus ventées. Du sandwich aux rillettes au bon cookie. Le funboard vient de naître.

OPEN VERSUS FUNBOARD

Entre grandes et petites planches, le divorce sera durable. D'un côté, se développe une planche à voile vivante, radicale, attractive. De l'autre, siège la catégorie des planches olympiques (réservées aux amateurs), plus grandes, à dérive, jugées moins « fun » par la majorité des pratiquants. Ce qui est loin d'être vrai mais qui, pour ceux qui ont pu comparer les deux, n'est pas franchement inexact (hum !...). Dans cette catégorie, c'est Gildas Guillerot, Gilles Calvet, Robert Nagy et Michel Quintin qui porteront au plus haut les couleurs de la France. Derrière celui qui, en vague et en slalom, va dominer pendant plus de 5 ans la World Cup, Robby, les premiers champions font leur apparition : ils ont pour noms, Alex Aguera, Peter Cabrinha, Ken Winner, Erik Thiémé, Raphaël Salles et un Néo-calédonien au style singulier, Robert Tériitehau. Des stars toutes catégories pointent leur nez comme Arnaud de Rosnay, entraînant dans son sillage la belle

Jenna Severson ou J.-P. Boghossian, alias Bogosse, l'un des premiers soulsurfers français. Une nouvelle race d'aventuriers purs et durs se fait connaître, ils ont pour noms Christian Marty, Fred Beauchène, Thierry Caroni, Alain Pichavant, Stéphane Peyron et... Arnaud de Rosnay. Chez les filles, on trouve un nombre pléthorique de Françaises, comme Manu Graveline, Marie-Annick Maus puis Nathalie Lelièvre, qui allait marquer la fin des années 80 en remportant cinq fois le titre de Championne du Monde de Funboard. En 1991, elle tentera de se qualifier pour les Jeux Olympiques sur ces fameux « pachydermes des mers »... En vitesse, outre Jenna de Rosnay qui détiendra un temps le record mondial, ce sont Brigitte Gimenez (actuelle recordwoman) et Babeth Coquelle qui se crêpent le chignon pour la gloire. De leur côté, Pascal Maka et Thierry Bielak, en perpétuel bras de fer pour le record du monde (détenu actuellement par le second) renvoient bouler aux calandes turques les Fred Haywood et autres Erik Beale qui ont fait les belles heures de la discipline (Haywood dépassant le premier la barre mythique des

Du haut de ses 100 000 exemplaires, Wind Magazine symbolise la rencontre entre des spécimens avides d'espace et de liberté et un sport à nul autre pareil.

30 nœuds, en 83. Nous en sommes aujourd'hui à plus de 43 nœuds, près de 80 km/h !). Gonflé exagérément, rattrapé par la logique de l'offre et de la demande, au début des années 90, le marché de la planche à voile s'essouffle. L'image du funboard se stabilise – certains traduisent – « se banalise ». Les restructurations vont bon train, les entreprises opèrent des rapprochements durables (Bic et le voilier Verneuil, qui en profitera pour changer de nom, Fanatic et Art, Mistral et Gaastra, Tiga et Neil Pryde). Pour l'année 90, les prévisions de ventes des planches passeront à 250 000. Boum. En dix ans, les ventes auront ainsi diminué de moitié. Le sport, quant à lui, n'en continue pas de se développer, le matériel de se perfectionner, même si les planchistes cessent de mettre de l'eau oxygénée dans leur shampoing, ce qui soulage bon nombre de mamans. A l'orée des années 90, un binôme de funboarders hispano-hollandais vient dominer à son tour le circuit mondial. Ils sont frère et sœur, tous deux champions du monde depuis trois années consécutives : Bjorn et Briit Dunkerbeck. Avec eux, la planche prend pour la première fois un visage européen. Digne successeur de Robby, Bjorn donne depuis une image de

Sport jeune et encore peu structuré, la planche à voile évolue cependant très vite. Un loisir passion pratiqué par des millions de gens tout autour du globe.

sérieux et de professionnalisme à un sport en perte de vitesse économique et dont la télévision commence à se lasser.

BERCY OU LA FOLIE DU WINDSURF EN BOITE

Débarque alors (nous sommes en 1990) un aventurier-fou, inventeur génial et homme des paris les plus invraisemblables : Fred Beauchène. L'homme qui a traversé l'Atlantique vient d'avoir une idée DINGUE : la planche à voile en salle. En l'espace de deux éditions, plus de 40 000 furieux, fouettés par le souffle de 26 ventilos géants, viennent acclamer à Bercy leur héros qu'ils peuvent enfin toucher des yeux. A partir de cet événement, plus rien ne sera jamais comme avant. La planche à voile se met à la portée du grand public. L'avenir du sport balance désormais entre un côté spectaculaire pour happy few (Hawaii) et médiatique pour le besoin du plus grand nombre. Une fois de plus, le « jouet de plage » a fait mentir ses détracteurs en prouvant qu'il pouvait s'adapter sans se compromettre. Le fun est là pour mille ans !

Les débuts de Robert Tériitehau

Robert le Terrible. La star incontestée du circuit pro. Un funboarder adulé des foules.

OÙ L'ON APPREND QUE ROBERT LE MAGNIFIQUE AVAIT PEUR DE L'EAU, UN COMBLE POUR CELUI QUI DEVIENDRA QUELQUES ANNÉES PLUS TARD LE FUNBOARDER LE PLUS POPULAIRE EN EUROPE. UN ATHLÈTE UNIQUE, SAUVAGE, ATTACHANT, SURDOUÉ...

Robert : « Oui, c'est vrai, au début, je n'étais pas attiré par la mer et pour tout dire j'en avais carrément peur ! »

Robert, alias Taî Pouèt, possède le talent, la classe, un style de navigation hors du commun et un sens du contact que seul Robby Naish, le dieu hawaiien, lui dispute. Instinctif et bagarreur, tendre, ce sportif est à l'image du fun tout entier. Stéphane Arfi l'interviewe, ici, sur ses premiers bords.

Robert, parle-moi de tes débuts en planche à voile.

C'était à Nouméa. J'ai appris la planche à voile en 1981. Je me souviens, le week-end, on allait nager à la rivière mais le windsurf, je ne savais pas trop ce que c'était... Moi, à l'époque, je passais mon temps entre l'école, le skate-board et puis la natation en rivière. La planche, j'en avais une idée très imprécise. Et puis, mon frère Nelson a décidé un beau jour d'acheter une planche à voile...

Tu aurais pu devenir une star du skate alors ? (Robert a détenu le titre de Champion de France de Skate-board. NDR)

Je ne sais pas ! Ce qui est sûr, c'est que je préférais de loin faire du skate que de me retrouver sur la mer. Seulement voilà, je connaissais quelqu'un qui faisait de la location et du gardiennage de grandes planches sur une des plages du Caillou. Il m'a poussé à en faire. Mais la mer, tu vois, c'était vraiment pas mon truc. j'en avais une de ces peurs. J'avais peur des taches noires sous l'eau par exemple...

Pourquoi ça ?

Parce qu'une fois sur deux, je croyais que c'était un requin !!! (rires)

Pourtant les Tahitiens sont réputés pour être de bons pêcheurs, parmi les plus courageux, les plus résistants et plus agiles sous l'eau ?

C'est vrai, ils aiment la pêche, la chasse sous-marine. Mes cousins descendent à des profondeurs incroyables ! Moi, je suis un pêcheur plutôt nul ! Mais, tu vois, ce qui se passe sous l'eau j'en ai peur, même si aujourd'hui ça va mieux ! (rires). D'ailleurs, pour me faire rager, à Nouméa, on disait que j'étais un Tahitien « raté » parce que je n'aimais pas aller sous l'eau et... que je ne jouais pas du Youkoulélé !!

1981,1982, c'était la grande mode de la planche à voile ?

Tout à fait. A l'époque, les grandes planches arrivaient tout juste, les Windsurfers, les Dufour et tout ça... Sur l'île, on commencait à entendre parler à la radio de gens comme Jean-Pierre Siret, un grand speedboarder...

Tu as débuté dans quels types de conditions ?

Avec Nelson, on a commencé dans une baie abritée du vent. Le plan d'eau était plat. Il y avait une route qui passait juste devant et les gens nous klaxonnaient pour se moquer de nous qui apprenions. Moi je m'en foutais. Quoique... En tout cas, ça me motivait pour progresser ! Tout le monde est passé par là !!! La première fois que j'ai tiré un bord, je suis parti et je suis revenu sans problème. Il y avait très peu de vent : 6 nœuds au plus. C'était génial !!! On m'a expliqué comment abattre, comment loffer. C'était easy, quel plaisir ! Si tu sors dans des conditions faciles, tu apprends très vite. Un mois après notre première journée, mon frère avait progressé comme une flèche. Ça me sidérait ! Mon deuxième jour de planche, il y avait 12-13 nœuds, j'ai pris une accélération sur la houle en formation, comme si je surfais une vague, mais minuscule, et là, là ! Pfffff..... Une sensation incroyable ! Ce jour-là, le windsurf m'est monté à la tête ! Après, je ne voulais plus sortir de l'eau, j'étais atteint par le virus !!!!!

Qu'est-ce qui a fait que tu t'es mis très tôt à t'entraîner jusqu'à être remarquer par Fred Beauchène himself ?

C'est marrant que tu me demandes ça parce que c'est un truc auquel je pense encore très souvent. Ce qui m'a vraiment poussé ? Je vais te livrer une petite anecdote que je n'ai encore jamais racontée à personne...Un jour, sur un spot de Nouméa, il y avait 20 nœuds de vent je crois, je n'arrêtais pas de tomber, ma planche n'était pas maniable, ma voile difficile à remonter. Bref, je galérais. Un loueur de planches sur la plage me regardait en ricanant. Il se moquait de moi. J'ai eu les boules de ma vie. Et je me suis dit « Allez, je vais m'y mettre à fond. Je vais lui montrer qu'il a tort de se foutre de moi. Mais j'ai décidé ça non pas pour devenir un champion car, à ce moment-là, l'idée ne m'aurait même pas effleuré. Non, comme ça, juste pour lui prouver que je pouvais devenir meilleur. Et puis, deuxième chose, il y avait un gars sur l'île qui naviguait sans harnais et moi, ça m'impressionnait. Il allait sur l'eau sans harnais même dans du vent fort. Je voulais faire comme lui. Je sortais dans du force 4, parfois force 5 sans mon harnais. Et comme j'étais petit, j'avais 14-15 ans, les vedettes de la planche ont commencé à me regarder, ça les bluffait ! Pour en revenir au gars qui se moquait de moi, je suis revenu le voir quelques années plus tard et je lui ai rappelé cette histoire que je n'oublierai jamais ! (Rires). Ça m'a fait

Il y a dix ans, Tériitehau apprenait la planche sur un lagon calédonien, il avait 15 ans. Il est aujourd'hui l'un des 5 premiers windsurfers mondiaux.

plaisir de voir le chemin accompli depuis ce jour-là... Pour moi, le rêve a pris forme en 82 lorsque j'ai gagné la Nouméa Cup. Beauchène m'a intégré dès lors dans le circuit de la Coupe du Monde...

Tu disais, il y a un instant que tu naviguais sans harnais, c'était quand même très dangereux !

Bien sûr, extrêmement dangereux !! Mais je ne me rendais pas compte de l'utilité du harnais. Maintenant, plus personne ne sort sans son harnais. Il faudrait être fou d'autant plus que le plaisir de naviguer est plus fort avec que sans.

Que ferais-tu si un débutant te demandait des conseils pour apprendre ?

J'irais avec lui dans l'eau pour lui montrer ! (rires). Mais il y a quelque chose que je lui conseille dans tous les cas : ne ja-mais naviguer par vent de terre et ... sans harnais ! (rires)

Quel type de matériel lui conseillerais-tu ?

Une grande planche à dérive s'il n'en a jamais fait et une fun polyvalente s'il sait déjà partir, revenir et plus. La voile doit être légère et surtout sans camber. L'erreur grossière, c'est de commencer sur une toute petite planche : on passe son temps à tomber et puis on se dégoûte peu à peu jusqu'à arrêter net. Si on est doué, on peut commencer sur une petite fun mais c'est plus dur ! Avec des planches comme les Astro-Rock ou les Electrick, c'est le super compromis : tu as des footstraps, c'est une fun polyvalente, accessible, tu ne coules pas et tu peux déjà avoir des sensations. Mon premier jibe, je l'ai appris sur un modèle qui se situait entre la grande planche et une un peu plus courte.

As-tu déja pensé à ce que tu aurais fait si tu n'avais pas découvert le funboard ?

Oui et non, j'ai commencé tellement jeune ! En tout cas, je pense que je serais quand même devenu un sportif. J'étais Champion de France de skate-board, j'ai détenu le record de France de saut en hauteur...Mais je peux te jurer que sans la planche, je deviens fou. Quand je suis immobilisé quelques jours ou plus, si je suis blessé, ça me rend dingue ! Je deviens impossible ! J'ai les pieds qui bougent tout seuls ! (rires). C'est ma passion, c'est mon métier. Et pour ceux pour qui c'est un loisir, c'est l'une des activités les plus fantastiques et les plus agréables que je connaisse ! Un sport vraiment, vraiment merveilleux... Bon, parler c'est bien mais si on allait naviguer maintenant ! ?...

La planche est un sport vraiment merveilleux, une des activités les plus fantastiques que je connaisse.

PETER STUYVESANT TRAVEL
Bic Sport

INITIATION

Bien choisir son matos

MÊME S'IL S'AGIT AU DÉBUT DE LOUER OU D'EMPRUNTER SON MATÉRIEL, IL FAUT PRENDRE LE SOIN DE BIEN LE CHOISIR. CAR IL EST FACILE D'ÊTRE ÉCŒURÉ D'UNE ACTIVITÉ QUE L'ON DÉCOUVRE AVEC DU MATÉRIEL VIEILLOT, OU INADAPTÉ SOIT À SON NIVEAU SPORTIF, SOIT AUX CONDITIONS DE NAVIGATION.

Une grande planche à dérive pour débuter. Les footstraps, la dérive, l'aileron, une planche avec beaucoup de volume pour bien flotter.

Le wishbone. Un os de poulet qui a bien évolué. Fermeture automatique, bout de harnais solide, tire-veille efficace, rigidité du tout.

BIEN CHOISIR SA PLANCHE

Les planches à voile ne cessent d'évoluer. Il y a une dizaine d'années, relever une voile nécessitait quelques mois de musculation intensive, un stage au cirque Bouglione dans la compagnie des acrobates et une gamme d'insultes relativement diversifiées pour se détendre les nerfs après une journée d'enfer dans la brise. Aujourd'hui, les voiles comme les planches, sont plus légères, plus maniables, les wishbones plus petits. Bref, le funboard n'a jamais aussi bien porté son nom.

Choisir sa planche, c'est déjà choisir un bon surf-shop. Là, pas de difficultés majeures, vous risquez de trouver dans tous les magasins spécialisés des conseils et du matériel impeccables. N'achetez jamais votre première planche sans avoir une discussion préalable avec un professionnel. Seuls les prix du matériel pourront vous amener à choisir entre deux modèles identiques. Pour débuter, il vous faut une planche dite « fun-polyvalente ». Elles sont stables (carène plate et concave), elles sont performantes (vous pourrez débuter dessus et vous amuser, puis progresser dès que le vent devient plus fort). Armées de foot-straps, ces planches sont de véritables invitations au fun. Mais si vous êtes complètement réfractaire à l'eau et que vous préférez commencer sur une planche beaucoup plus large, plus grande : n'hésitez pas.

• **Non mais quel modèle choisir, mon ami le tapir** ? Ce petit tableau vous donnera les premiers éléments de votre choix. Ce choix est fonction de votre poids et de votre budget, œuf corse.

Votre poids	Dimensions du flotteur	Son volume
– de 60 kg	3,5 m / 0,67 m	200 litres
60-70 kg	3,7 m / 0,68 m	230 litres
+ de 70 kg	3,7 m / 0,68 m	240 litres

• **Dis moi, Tata, quels matériaux constituent la planche** ? A l'heure actuelle, trois techniques de fabrication ont les faveurs des principaux constructeurs : l'extrusion/soufflage, le thermoformage et le sandwich. Ces trois techniques ont, bien sûr, chacune leurs avantages et leurs inconvénients que je vous invite à connaître immédiatement, sinon je pousse un cri horrible et je me roule par terre.

– L'extrusion/soufflage. Une peau de plastique est soufflée autour d'un moule, puis remplie de mousse polyuréthane. Extrêmement solides, peu chères, mais plus lourdes, les planches en extrudé/soufflé sont particulièrement valables pour les débutants.

– Le thermoformage. Le pain de mousse polystyrène, mis directement en forme, est recouvert d'un complexe de stratifé, puis d'une peau extérieure en Asa. La stratification est plus ou moins élaborée, elle utilise des fibres de base (verre) ou très nobles (carbone/kevlar) et se mélange avec de la résine époxy. L'ensemble est plus léger, plus rigide, plus cher, plus fragile aussi. Il convient pour des funboarders de bon niveau.

– Le sandwich. Utilisé depuis de nombreuses années dans les constructions aéronautiques ou navales, la technologie Sandwich est aujourd'hui tout à fait nouvelle pour la planche. Mise au point par les shapeurs et appliquée par les coureurs, elle permet, grâce à l'alliage de matériaux qui présentent des résistances mécaniques différentes, de concevoir des flotteurs à la fois très solides, très légers et très rigides. C'est bien évidemment le must, mais il a un prix !

N'hésitez pas à lire les tests qui paraissent tous les mois dans Wind, dont le sérieux est établi depuis longtemps et qui pourront également vous aider au moment de remplir votre chéquier.

Attention : lorsque vous achetez votre flotteur, les constructeurs parlent souvent de prix F.E (flotteur équipé), ce qui exclut le gréement (mât + voile + wishbone).

• **Tout sur les mâts, papa !** Pièce très importante, presque tous les mâts sont composés de deux parties : une partie inférieure rigide et une partie supérieure souple, ce qui permet d'absorber les surventes. Aujourd'hui nombre de mâts ont un rapport solidité – rigidité – poids acceptable. Il existe deux types de mâts, ceux en fibres et ceux en aluminium. Pour débuter, on préfèrera le premier au second, utilisé en compétition ou dans des conditions particulières. Très pratiques, les mâts en deux parties permettent de résoudre le problème du stockage et du transport. Mais attention au sable qui vient se loger entre les deux parties !

Le pied de mât souvent muni d'une rallonge, il doit être en parfait état et régulièrement rincé.

● **Et les wishbones, mon ami le gnome ?** Complément indispensable à la voile, le wishbone doit être léger, rigide et solide. L'aluminium est le matériau qui combine le mieux ces qualités. Là encore, déterminez avec votre surf-shop le mieux adapté pour ce que vous allez faire. Sachez toutefois que si vous achetez le flotteur et le gréement d'une seule et même marque, vous avez l'avantage d'être sûr que la combinaison entre ces deux éléments est bonne. L'inconvénient, c'est qu'elle ne sera pas forcément aussi performante que si vous avez choisi séparément les différents éléments du gréement. C'est le même problème que vous affrontez lorsque vous voulez achetez une chaîne Hi-Fi... Le wishbone existe également sous une forme vario (il se rallonge et peut être raccourci). Avantage : on peut adapter plusieurs jeux de voile sur un même wishbone. Aujourd'hui les wishbones sont tous à fermeture automatique, ainsi plus de problème pour le rendre solidaire du mât !

La voile, fruit de la technologie moderne. Elle est aujourd'hui plus légère, plus maniable, plus puissante.

La dérive, que l'on peut abaisser. L'aileron qui doit être bien fixé. Robert vérifie la bonne rétractabilité de sa dérive.

• **Toi la dérive, que fais-tu là ?** La dérive, comme sur un bateau, permet de remonter au vent et d'avancer droit. Faites le test de la retirer en navigation et vous verrez que vous vous déplacez en crabe. C'est donc une force anti-dérive qui porte mal son nom ! Sur les planches modernes, les dérives sont pivotantes et l'on peut les baisser et les remonter (les « rétracter ») avec le pied. Et le tout en navigation !

• **Mon petit ami l'aileron, quelle est ta fonction ?** Lorsque l'on navigue sur des planches de funboard, la dérive est retirée. Elle n'est même pas prévue sur le flotteur. L'aileron devient alors la pièce maîtresse de la planche. Il permet de stabiliser cette dernière selon sa direction et fait office de dérive (moins puissante). Lorsque l'on est au « planning » (la planche décolle au-dessus de l'eau), la dérive devient, même sur grand flotteur, inutile.

BIEN CHOISIR SA VOILE

Si les planches ont été privilégiées au départ par rapport aux voiles en terme d'évolution et de recherche, il en va tout autrement de nos jours. La voile est considérée désormais comme le véritable moteur de l'ensemble.

Sur le circuit de la Coupe du Monde, c'est une lutte sans merci que se livrent les grandes voileries pour imposer les meilleurs gréements, pour faire aller plus vite, toujours plus vite, les compétiteurs. En vitesse, les recherches sur les voiles sont très importantes et un record du monde ne s'obtient qu'avec une voile extrêmement performante. Conçu sur ordinateur, découpé au laser, testé en soufflerie puis « en conditions », le prototype va subir toutes sortes de transformations avant d'arriver dans votre surf-shop. La voile de série tient compte des impératifs commerciaux mais aussi du coût de fabrication. Ce qui explique que les voiles sont souvent onéreuses.

Le cas des voiles d'occasion : si à chaque fois que vous regardez votre porte-monnaie, vous ne pouvez vous empêcher de vous jeter sur le carrelage de votre cuisine en hurlant à la mort, c'est qu'il vous faut vous acheter une voile d'occasion. Quel que soit votre moyen d'en rechercher (petites annonces de Wind, les Surf-shops ou le bouche à oreille) il vous faut surveiller les coutures, les goussets de lattes, le tissu ainsi que les sangles. Bonne chance.

• **Dis, Tonton, ça se compose de quoi une voile ?** Une voile, mon petit, n'est pas faite tout d'un bloc, d'un seul matériau. Elle se compose de différentes bandes de tissu dont chacune possède une fonction bien précise.

– Le fourreau dans lequel vous rentrez le mât, peut être soit rotatif (il tourne autour du mât quand la voile change d'amure), soit profilé (ce qui permet d'avoir sur sa surface un écoulement de l'air le moins perturbé possible). Dans ce domaine, une invention récente a bouleversé la façon de naviguer : le camber. Le camber est une pièce de plastique qui, placée entre le mât et la latte donne à la voile un bord d'attaque rigide et permet une amélioration considérable de l'écoulement de l'air. Quand cet écoulement n'est pas pertubé par le passage de la voile, on parle d'écoulement laminaire. Malheureusement, très techniques, les voiles à camber ne sont pas spécialement recommandées pour les débutants. Le passage de la voile d'une amure à l'autre étant relativement délicat. Quant au virement de bord avec une voile à camber, il est quasi imposible !

– La têtière est la partie supérieure du fourreau.

– Le guindant est la distance entre le point d'amure (au pied de mât) et la têtière.

– Les lattes jouent un rôle essentiel et permettent de donner du maintien à la voile. Elles sont « classiques » (et s'enfoncent dans un gousset de longueur réduite) ou « forcées » (elles traversent la voile sur toute sa largeur jusqu'au mât). Leur nombre est variable.

– La chute est la partie arrière de la voile, celle dont le réglage est déterminant pour que les filets d'air s'évacuent correctement.

– La bordure est la partie inférieure de la voile.

– Les renforts : point d'amure, point d'écoute (extrémité arrière du wishbone) et têtière sont renforcés par des surépaisseurs.

• **Mais, pépé, je rêve, il y a plusieurs modèles** ? Oulo ! A l'heure actuelle, on trouve sur le marché des voiles très différentes. Les coloris sont, bien sûr, diversifiés au possible mais les programmes de navigation des voiles aussi et surtout. A côté des voiles de vitesse, peu maniables, assez lourdes mais très efficaces (réservées aux spécialistes), on trouve les voiles de vagues, très légères et très maniables. Les voiles de slalom sont un compromis entre les deux. Enfin existent les voiles polyvalentes, qui intéressent particulièrement le débutant.

• **Et plusieurs surfaces, mamie** ? Ah mais bien sûr, mon tout petit, on peut trouver des voiles de 2,5 m^2 et de très grandes qui font plus de 13 m^2 ! Je ne le répèterai pas, mais là encore, tout dépend de votre morphologie (gros, moyen, tout maigre), des conditions de vent que vous rencontrez (tempête, pétole), de votre style de navigation (magnifique, pitoyable) et de votre niveau : le choix de la surface est extrêmement im-por-tant. Quand on débute, il est préférable de choisir une surface passe-partout, intermédiaire. Dernier élément : les voiliers ont mis, il y a peu, sur le marché un nouveau type de voile en monofilm. Ces voiles, utilisées aujourd'hui par tous les coureurs de la World Cup ne sont pas ultra-indispensables pour le débutant qui pourra préférer dans un premier temps les voiles classiques. Ces voiles « monofilm » demandent en effet plus de précautions qu'une voile en tissu.

Pour débuter dans des conditions normales (force 2, mer plate, crème solaire plein la tête), il vous faut choisir la surface de voile en fonction de votre gabarit et de votre poids

Votre poids	− de 50kg	50-60 kg	+ de 60 kg
Surface	4,5 m²	5 m²	5,5 m²

Fourreau.
Guindant.
Fenêtre de wishbone.
Tête de mât.
Têtière.
Lattes forcées.
Chute.
Fenêtre.
Renfort de point d'écoute.
Point d'écoute.
Bordure.
Renfort de point d'amure.
Point d'amure.

Entretien

Le harnais, dont l'utilité n'est plus à prouver et qui décuple les forces du véliplanchiste.

L'entretien du matos est essentiel. Robert, comme tout windsurfer qui se respecte, n'y coupe pas. Allez, Taî Pouet, on plie sa voile !...

ENCORE UN THÈME QUI PEUT PARAÎTRE RÉBARBATIF, MAIS QUI DEVIENT RAPIDEMENT OBLIGATOIRE SI VOUS VOULEZ DURER, VOUS ET VOTRE MATÉRIEL. C'EST À LA FOIS VOTRE SÉCURITÉ, VOTRE CONFORT EN NAVIGATION ET LA PÉRENNITÉ DE VOTRE PORTE-MONNAIE QUI SONT EN JEU.

BIEN CHOISIR ET ENTRETENIR SON EQUIPEMENT

LA VOILE

Vous allez croire que je m'énerve mais pour garder un matériel « nickel », il faut quand même :

– ne pas laisser sa voile traîner sur la plage au bord de l'eau, le sable ayant un pouvoir abrasif sur le tissu ! « Si ta voile sur le sable frotte, tu n'es plus mon pote », proverbe turkmène.

– rincer la voile après chaque utilisation ! A l'eau douce, merci « Voile rincée à l'eau de mer, travail à refaire », proverbe azeri.

– retirer les lattes avec précautions en laissant la voile étarquée ! « Voile détarquée, les lattes vont tout déchirer », proverbe ukrainien.

Les lattes qui renforcent la rigidité de la voile.

– bien plier la voile en prenant son temps ! « Voile mal pliée sera déformée », proverbe moldave.

– l'amener au surf-shop le plus proche si elle a subi une déchirure, si petite soit-elle ! « Petite déchirure deviendra grande », proverbe ouzbek.

LA PLANCHE

– éviter les arrivées brutales sur la plage ! « Arrivées brutales, l'aileron les supporte mal », proverbe serbe.

– rincer sa planche ! « Planche non rincée, pied de mât oxydé », dicton croate.

– ne pas monter sur la planche enduit d'ambre solaire ! « Pour bronzer sauvage le dimanche, reste sur la plage, pas sur ta planche », proverbe lapon.

LES ACCESSOIRES

Ils portent mal leur nom, puisqu'ils sont essentiels. Ce sont, entre autres, les combinaisons isothermiques et les harnais. Il faut être soigneux et les rincer régulièrement à l'eau douce. Merci pour eux.

● **Maman, j'ai froid.** Les combinaisons sont indispensables pour tous les planchistes quels que soient leurs aptitudes et leur degré de résistance aux basses températures. En dehors de deux mois par an (l'été), le port de la combi est plus que recommandé. Il en existe toute une gamme (du shorty à l'intégrale sèche ; semi-sèche, etc.) qui vous permettra d'affronter les saisons et les eaux fraîches. En fonction de votre porte-monnaie. Encore une fois, allez les essayer dans les magasins spécialisés et soyez exigeant sur la finition des vêtements isothermiques (vérifiez la qualité des renforts, des fermetures, des velcros etc.). Une fois dans l'eau, il sera trop tard ! Pour ceux qui apprennent dans des conditions nettement plus froides que la moyenne, les bottillons peuvent être un plus. Sachez qu'ils ne sont pas indispensables et que nombre de planchistes préfèrent (comme Robert) avoir froid aux pieds que de perdre la sensation et le contrôle sur la planche que procure la navigation pieds nus.

• **Le harnais, mettons-le !** Robert Tériitehau a appris la planche sans harnais. Surtout ne le copiez pas ! Avec le recul, il comprend mieux aujourd'hui le danger qui le menaçait. Le harnais est OBLIGATOIRE en toute circonstance. Le vent étant l'élément le plus aléatoire de la création, il peut se lever violemment en quelques minutes. Si vous êtes fatigué et que vos bras commencent à tétaniser, il aura raison de vous. Et là, le pire est à attendre. Que vous soyez débutant ou funboader confirmé, même s'il n'y a que force 1, le harnais est INDISPENSABLE. Il vous permettra de progresser plus vite, vous donnera plus de plaisir en navigation.

Là encore, rien ne vaut une petite visite chez son surf-shop et de jeter un œil aux tests de Wind. Il y a des harnais pour tous les types de conditions et le choix n'est pas toujours des plus simples (harnais dorsaux, culottes, de vitesse, de vague, de slalom etc...).

L'aileron est assez fragile. Les retours de plage violents lui sont souvent fatals.

ENTRETENIR SON PETIT CORPS

La planche à voile, par force 1 dans un lagon bleu et reposant, ne demande pas beaucoup d'énergie. Il en va tout autrement si vous avez décidez de faire du funboard. C'est d'un parfait sportif dont on a alors besoin. Il faut donc se péparer en conséquence.

Les premiers bords, qu'ils soient les premiers de votre vie ou les premiers de votre été après un hiver passé derrière la télé à vous goinfrer de tarama et de moussaka, les premiers bords donc, sont relativement éprouvants pour les bras, le dos et tout le tremblement. Un conseil pas piqué des hannetons : avant ce fatidique moment, échauffez vos muscles et vos articulations. Mieux, pratiquez une heure de stretching par semaine et quelques minutes d'étirement avant chaque navigation pour que vos muscles bronzés et galbés soient plus endurants que jamais. Vous éviterez ainsi les crampes et les courbatures. Pour l'essentiel, il existe deux sortes de stretching. Après l'effort pour éliminer les toxines et étirer vos muscles, avant l'effort pour vous échauffer. Avant l'étirement, inspirez lentement et profondément, pour expirer pendant l'étirement. Le stretching doit se faire en douceur et de manière progressive. Il peut vous dé-stresser, vous relaxer en décontractant vos muscles. Lorsque vous faites un mouvement d'étirement, essayez de bloquer quelques secondes le mouvement. Puis, la fois suivante, allez plus loin dans l'étirement. Comme cela, votre souplesse augmentera. Mais tout est affaire de patience. Un peu d'entraînement avec Robert. Le premier qui pense que c'est de la gonflette aura le droit à la visite guidée de mon poing dans sa dentition encore parfaite. Et je balance vos noms et adresse à Robert. Les filles seront bien sûr épargnées (galanterie oblige) mais auront le droit à notre puissant mépris.

Un Tériitehau au réveil. Corn-flakes, vitamines à tout va, le petit déjeuner sportif.

Echauffement, stretching. La planche est un sport à part entière et nécessite pour les meilleurs une préparation de tous les jours.

BiC
ACE tec

Rendez-vous sur la plage

Attention à maintenir la planche face au vent en la transportant sur la plage.

Cette fois-ci, vous ne pouvez plus reculer. Dans quelques pages, vous allez entrer dans le monde fabuleux du funboard.

VOUS POUVEZ TOUJOURS VOUS LANCER DE MANIÈRE SUICIDAIRE DANS L'APOCALYPSE D'UNE BONNE GROSSE TEMPÊTE ATLANTIQUE, OU CHOISIR DE MOURIR AU BEAU MILIEU DE LA MÉDITERRANÉE APRES AVOIR ÉTÉ POUSSÉ DE VOTRE PLAGE TROPÉZIENNE PAR UN MISTRAL VIOLENT. MAIS VOUS POUVEZ AUSSI CHOISIR JUDICIEUSEMENT LE PLAN D'EAU DE VOS PREMIERS BORDS. C'EST COMME VOUS VOULEZ.

BIEN CHOISIR SON SPOT

Il ne faut pas naviguer n'importe où et n'importe quand ! Le choix du milieu d'apprentissage est décisif. De lui dépendra votre progression future et même l'intérêt que vous porterez au sport. Si vous débutez dans du vent de force 4 avec de la houle et une température de 13 degrés, il n'est pas impossible que vous terminiez votre apprentissage une corde au cou, un 3.57 magnum sur la tempe et trente boîtes de barbituriques dans vos poches. Bien sûr, pour apprendre au mieux, le top est de trouver un plan d'eau (chaude!) bien abrité du vent où l'on a pied assez loin et où la mer est calme, plate. Il faut au maximum force 2 pour se familiariser avec la planche. Dans de telles conditions, vous ne tarderez pas à ressentir les premières sensations enivrantes dès que vous réussirez à partir. Ceux qui pensent qu'il n' y a que sous les tropiques que l'on trouve ce genre d'endroits paradisiaques se trompent et ne sont manifestement jamais aller plancher sur les côtes françaises en juillet ou en Corse en août. On ne vous le répétera jamais assez, mieux vaut apprendre en été : il y a du peuple sur la plage et dans l'eau (vous ne risquez pas de vous éloigner du regard de vos amis et de vos admirateurs. Si vous êtes seul au monde, il vous reste les CRS). De plus, le vent thermique est agréable et de force suffisante. Cette brise que l'on voit apparaître à chaque période estivale et que le monde entier nous envie est idéale pour s'initier. Mais au fait, Juliette, pourquoi un tel vent existe ? Explications. La « brise thermique » est provoquée par une différence de température entre la terre et la mer. Le jour, la terre se réchauffe plus vite que l'eau, l'air y est plus chaud en surface. Or l'air chaud est plus léger, il a donc tendance à s'élever. A la surface de l'eau, l'air est plus frais et il va prendre sur la terre la place de l'air chaud (Allez-y, relisez, à force ça va rentrer). Là, il se réchauffe à son tour et ainsi de suite. Le vent thermique atteint son summum vers 16 heures (force 4 au mieux). Derniers conseils, interrogez les « locaux » sur la présence de courant, ne vous éloignez pas (mais respectez les baigneurs!), évitez de naviguer en fin de journée et surtout ayez toujours en tête la direction du vent (regardez les drapeaux, les autres voiles). Allez, merci d'avoir lu patiemment ces recommandations et en tenue ! C'est parti pour une leçon avec Robert le magnifique !!!

GREER SA VOILE

Ayez toujours à l'esprit que la voile est le moteur de la planche. Contrairement à un moteur classique, son bon fonctionnement ne dépend pas uniquement du constructeur mais aussi et surtout de VOUS puisqu'il vous faut, seul, gréer, régler puis utiliser ce moteur.

Robert, comme tous les coureurs de la World Cup passe beaucoup de temps pour gréer sa voile. Les réglages sont fins, minutieux, toujours changeants. J'ai vu de mes yeux vu lors d'une étape de Coupe du monde le Calédonien peaufiner pendant près d'une heure les réglages de sa voile ! Vous n'en est êtes pas encore là, mais savoir correctement gréer sa voile est une étape indispensable pour tout funboarder qui se respecte.

● Voici par le menu toutes les manipulations qui permettent d'obtenir une voile réglée « tip top ».

– Une fois que tout le matos est devant vous. Saisissez-vous du mât !

– Taî Pouet enfile le mât dans le fourreau. Il faut être vigilant quant à l'adéquation mât/voile. Celle-ci est cruciale. Si le mât n'est pas adapté à votre voile, même performante, vous êtes dans la position inconfortable de celui qui veut installer un moteur de Porsche sur une mobylette... Prenez toujours le modèle que vous conseille le fabricant. Si le mât est trop raide, vous noterez deux symptômes : la voile, même étarquée à fond au pied de mât, est trop creuse sur le bord d'attaque et sa chute est trop molle. Si le mât est trop souple, la voile est trop plate sur le bord d'attaque, le creux est absorbé par le mât et la chute est trop molle.

– Robert règle le guindant. Il peut utiliser sa rallonge ou son easy rig (une pièce en plastique ou en aluminium qui coince au bout) en bloquant le pied de mât ou l'embout du mât avec son petit pied musclé et bronzé. Robert ne se sert ici que de son pied. Il faut étarquer très fort car c'est sur la guindant que se fait l'essentiel du réglage de la voile. Faites le tout, assis, et sans grimacer au moment où vos bras travaillent. Merci.

– Robert passe au wishbone qu'il enfile à l'endroit prévu, là où le mât est à nu. Pour l'instant, il règle le wish au centre de cette partie sans trop se préoccupper de savoir si la hauteur est exactement celle qu'il lui faudra en navigation.

Enfiler le mât dans son fourreau. Le choix du mât est crucial. Il doit être adapté à votre voile.

Le réglage du wishbone. Facile à installer, il devra ensuite être réglé à la bonne hauteur.

Mise en place du wishbone. La fermeture est automatique.

– Tériitehau revient au point d'écoute. A ce niveau, il n'est pas besoin de réaliser des réglages très fins. Robert étarque la voile à une main (grâce à la sangle). Normalement, vous devez tirer sur le point d'écoute jusqu' à ce que vos petites forces ou le bout du wish vous somment d'arrêter. Attention à ne pas choisir un wish trop long ou trop court. Faites une demi-clé.

– Passons maintenant aux lattes. Il est important de bien les étarquer. Dites-vous bien qu'elles ne le sont jamais assez. Lorsque le fourreau d'une latte est plissé, c'est que cette dernière est mal étarquée.

Le réglage du guindant. *Avec un système de poulies, l'étarquage est relativement aisé.*

Il faut tirer assez fort dans le sens du mât et à fond.

– C'est le moment de bien placer son wishbone. Il doit être positionné entre votre cou et la poitrine. Beaucoup le règlent directement au niveau des épaules. En navigation, grâce au système de fermeture de poignée automatique, vous pourrez peaufiner de quelques millimètres ce positionnement.
– Maintenant que la voile est gréée, il faut contrôler le réglage de la chute, ce qui permet de perfectionner le profil de la voile. Une chute raide est intéressante dans le cas où vous avez des difficultés pour partir au planning. Dès que le vent est suffisamment fort, vous pouvez « mollir » la chute. Une chute

trop molle signifie que le guindant est trop étarqué ; une chute trop tendue que le guindant est trop mou.

Avant de partir pour de nouvelles aventures vérifiez une dernière fois l'aspect de votre voile et son volume. Une seule règle : vous gréez tout et prenez le guindant jusqu'à ce que le profil soit correctement sur le bord d'attaque et que la chute soit bien réglée. Voilà, c'est fini.

Lorsque votre partie de plaisir sera terminée, lâchez successivement les tensions sur les lattes, le guindant et l'écoute. LAISSEZ les lattes dans leur fourreau et roulez (ou pliez, c'est selon) la voile en partant de sa têtière. Dans l'ordre !!

• **Vous avez tout faux !** Voici quelques erreurs impardonnables à ne pas commettre sous peine de gifles bien senties :
– étarquer trop fort à l'écoute : la voile est plate et ne développe plus de puissance, ce qui modifie en outre son équilibre,
– laisser un espace trop important entre l'œillet de l'écoute... ou du guindant et l'extrémité du wishbone ou du mât,
– gréer sans remercier Eole pour le plaisir qu'il va vous offrir,
– mettre la voile au niveau du nombril. La voile sera intenable,
– guindant insuffisamment étarqué : la voile sera difficilement maîtrisable,
– glisser les bouts dans les poulies de rappel n'importe comment. La voile sera beaucoup plus difficile à étarquer.

Les lattes doivent rentrer facilement dans leur gousset. Gréer une voile demande précision et soin.

APPRENDRE AU SEC

Inutile de vous précipiter, vous pouvez encore essuyer quelques plâtres, bien au sec, en répétant pour les assimiler le plus rapidement possible des manœuvres fondamentales.

Transporter votre matos jusqu'au bord de l'eau ? Rien de plus simple. Au début, il est préférable d'amener les deux séparément. Planche sur la tête, sous l'épaule si elle est légère, en s'aidant de la dérive si le flotteur est lourd... et la dérive solide (on se met au milieu du flotteur, du coté de l'aileron, puis on tient le pied de mât avec sa main droite, le reste de la dérive avec sa main gauche et on coince la planche sur son épaule). Quelle que soit votre technique, gardez toujours votre flotteur face au vent, sous peine de vous faire projeter avec votre équipement sur votre Oncle Barnabé en train de bronzer tranquillement. La voile, seule, peut être transportée également sur la tête. Aber Achtung, le mât doit se trouver parallèle au vent, sinon vous risquez d'achever Tata Roberta, qui baigne dans son ambre solaire tel le pachyderme moyen. Bien d'autres techniques de transport existent parmi lesquelles de bien farfelues. Robert vous en montre la plupart. Imprimez-les dans vos petits bulbes, elles vous serviront pour le beach start.

Vérification de l'aspect de la voile et de son volume.

• **Lever la voile sur la plage.** Tout se passe comme si vous étiez sur l'eau sauf que les problèmes d'équilibre et la stabilité sur et de la planche sont résolus. Reste le regard amusé de milliers d'yeux globuleux qui vous observent en ricanant. Bon, dites-vous que nous sommes tous passés par là. Plantez l'aileron dans le sable. La planche est perpendiculaire au vent. Fixez le pied de mât dans son emplanture puis déplacez la voile pour qu'elle forme un angle droit avec la planche. Souriez.

Allez-y, grimpez sur la planche, les pieds bien parallèles de chaque côté du mât comme le fait Robert sur les photos qui suivent. Saisissez le tire-veille à la base, pliez les genoux au moment où vous tirez sur le tire-veille. Penchez-vous progressivement en arrière et surtout, oui, surtout, gardez

Une fois la voile gréée, il faut contrôler son aspect général et ne pas hésiter à tout reprendre si besoin est.

Le transport de la voile. Mains sur le wishbone (on peut poser la main avant sur le mât), la tête soulève le tout.

Pieds parallèles, le buste bien droit, on monte la voile progressivement avec le tire-veille.

Moment important, on va saisir le mât et le wishbone. On reste concentré, merci.

Voile fermée. Les pieds sont derrière le pied de mât. Si le vent est fort, on peut jouer à l'overcraft en folie !

votre dos le plus droit possible. Vos mains montent progressivement sur le tire-veille jusqu'à ce que la main droite (avant) arrive la première au début du wishbone. Respirez.

• **Purée, vous avez relevé la voile !** Sur le sable, c'est facile mais Robert vient de réaliser ce qui sera bien plus dur de faire sur l'eau (relever sa voile, je précise pour ceux qui pioncent). Votre main gauche (dite main arrière) se détache alors du tire-veille et vient saisir le mât, juste en dessous du wish. La main avant de Robert saisit le wish puis la main arrière vient le saisir à son tour. Les pieds sont placés derrière le pied de mât. Vous ramenez un peu le wish vers vous (vous « fermez » la voile) et ça y est, oui, ça y est, vous sentez une résistance : la force du vent ! Robert s'est même fait embarquer. Reculez un peu sur le flotteur. Sur l'eau, à cet instant-là, vous seriez déja parti !!!

COMPRENDRE SUR L'EAU

Humble hommage à Jésus-Christ, windsurfer pieds nus, qui le premier a ressenti les plaisirs de la glisse sereine et aquatique. Voici, simple mortel que vous êtes, vos véritables débuts : mouillés, mais ô combien enivrants. Amen.

APPRENDRE EN S'AMUSANT

– La planche à voile est un sport, certes, mais avant tout un plaisir. Une activité de délassement. Avant de vous échiner à grimper sur votre planche et de tirer votre gréement, amusez-vous avec votre flotteur en marchant desssus sur toute sa longueur sans le gréement. Cela vous permettra de mieux sentir l'engin, de vous familiariser avec sa flottabilité, votre équilibre (hum!..), et surtout, de vous rendre compte qu'il est plutôt marrant de tomber dans l'eau. Cette étape peut vous paraître futile ? Détrompez-vous, c'est la meilleure des entrées en matière.

– Nous y sommes presque. Maintenant, ajustez votre gréement sur la planche. Posez votre voile sur l'arrière de la planche et... apprenez à ramer à plat ventre cela vous servira pour plus tard, si vous ne pouvez plus revenir (fatigue, le vent qui se lève, un élément de votre planche à voile cassé etc.).

Bon, suffit les plaisanteries, Robert est maintenant dans l'eau avec son flotteur. Pour monter dessus, il se hisse à la force de ses bras (très) musclés. Il a pied. On le regarde. On est content, car nous on est au sec.

• **On monte.** Dos au vent, Robert se redresse et une fois debout, il pose ses pieds de part et d'autre du mât, à égale distance. C'est

QUIKSILVER
PETER STUYVESANT TRAV
BiC Sport
BiC

Bon, on passe aux choses sérieuses. Direction : le bord de l'eau.

là que la stabilité de la planche est la meilleure (pour le moment). Il saisit le tire-veille avec la main avant et, oh miracle, la planche bouge toute seule. En fait, si votre mât se redresse face au vent, la planche va se mettre d'elle-même face au vent dans la position de départ (perpendiculaire). On continue.

• **On relève.** Juste avant cette opération, Robert a vérifié que la dérive était bien baissée. Jambes fléchies, buste droit, les bras semi-tendus. Robert prend le tire-veille bien à la base. Avec les pieds, il contrôle le flotteur pour qu'il reste bien orienté par rapport au vent. En appuyant sur la jambe avant, le nez de la planche s'éloigne de l'axe du vent. Sur la jambe arrière, il s'en rapproche. La voile se décolle peu à peu de

Le premier jour de votre initiation, amusez-vous à marcher, courir, faire le fou ou la folle sur votre flotteur afin de vous familiariser avec ce drôle d'engin...

Comme sur le sable, il faut relever la voile. Un conseil : regardez l'eau qui s'évacue peu à peu de la voile.

l'eau. Les mains progressent, elles aussi, sur le tire-veille. Un conseil, relevez très doucement le gréement en REGARDANT l'eau qui s'évacue en glissant sur la voile. On mesure ainsi mieux son effort. Penchez-vous en arrière. Lorsque la voile est hors de l'eau, redressez-vous doucement. Au moment où le mât est tout près de votre buste, lâchez la main arrière du tire-veille (cette main va faire contrepoids dans le vide) et, tandis que votre main avant saisit le wish, replacez votre main arrière sur le mât, au-dessous du wish. Vous sentez que si vous rapprochez le mât de votre corps, la planche « abat » (elle s'éloigne du vent) et que si vous basculez le gréement sur l'arrière, le flotteur loffe, se rapproche du vent. Ça va.

• **On croise.** Votre main avant passe sur le wishbone, près de la poignée. La main arrière empoigne à son tour le wishbone. A ce moment, reculez votre pied avant et mettez-le derrière le pied de mât. Votre pied arrière est au niveau de la dérive. Vos bras sont semi-repliés. Courage.

• **Purée, on avance.** Tirez sur le wish, le vent entre dans la voile (pensez à une porte que l'on ferme), elle se gonfle et vous entraîne vers l'avant. Pour éviter de chuter, voici deux conseils.

On y est presque. Main avant sur le mât, main arrière prête à saisir le wishbone.

Le wishbone bien en main, vous bordez progressivement…

Anticipez cette traction vers l'avant en vous penchant vers l'arrière et baissez vos genoux au moment où vous perdez l'équilibre. Ce qui déplacera vers le bas votre centre de gravité. Les bras sont maintenant tendus. Ça y est, j'y crois pas ! Vous pouvez meugler, voire barrir un cri putréfiant pour avertir vos amis que Robert peut désormais s'inquiéter : un nouveau champion est né… Si la voile vous emporte sur l'avant, ouvrez la

« porte » (la voile) en lâchant votre main arrière et vous n'avez plus qu'à recommencer à la fermer (la voile) en vous penchant cette fois-ci un peu plus sur l'arrière. Car si vous êtes attiré sur l'avant, c'est que vous n'osez pas vous pencher sur l'arrière. Une règle : *tomber en arrière en planche à voile est le signe que vous en voulez. Vers l'avant, que vous flippez...* Je ne vous le répèterai pas.

Purée, j'y crois pas ! C'est parti !

Au début, l'équilibre est plutôt difficile à trouver...

Le vent est tombé ? Vous êtes fatigué ? Vous avez cassé quelque chose ? Placez le gréement sur l'arrière du flotteur et ramez vers le bord. Robert en action.

UP

PROGRESSION

BIC Sport

Le ticket chic pour l'aller et retour

Robert aux commandes. Initiation au départ et au retour vers la plage.

IL EST TOUJOURS PLUS FACILE DE PARTIR DIRECTEMENT DE LA PLAGE, DEBOUT SUR LA PLANCHE, QUE DE TRAÎNER TOUT LE MATÉRIEL SUR L'EAU POUR DEVOIR ENSUITE SE HISSER PÉNIBLEMENT DESSUS, AVEC TOUS LES PROBLÈMES D'ÉQUILIBRE QUE CELA COMPORTE POUR UN DÉBUTANT. VOUS SAVEZ DÉSORMAIS TIRER UN BORD : C'EST BIEN. C'EST MÊME TRÈS BIEN. MAINTENANT, IL VA FALLOIR APPRENDRE À NAVIGUER.

Taî Pouet entre dans l'eau, contrôle la direction du vent et place son flotteur correctement...

LE BEACH START

Et au lieu de partir vers le large en grimpant sur sa planche tel le Patrick Edlinger moyen, voici la technique des pros : le beach start. Il est très facile à apprendre. Sachez tout de même que, sous prétexte d'être facile à comprendre, on oublie souvent qu'une fois son premier bord tiré, il faut savoir faire le virement de bord... pour revenir à bon port. Un petit conseil : amusez-vous à faire des beach starts si vous en avez envie mais apprenez avant le virement. Merci les amis, Robert et ma pomme sommes rassurés.

• **On soulève la planche.** Planche et voile sont orientées en fonction du côté d'où vient le vent (l'amure). La main avant est placée sur le mât en dessous du wish. La main arrière saisit le footstraps le plus en avant. La tête se loge dans la voile près de l'angle mât-wishbone. Et hop, Robert se redresse et relève le tout en avançant dans l'eau.

• **On part.** Robert soulève par le mât la voile, qui est toujours face au vent. La planche est aussi dirigée face au souffle. La main arrière saisit le wish. La main avant tient le mât au-dessus du wish. Robert pousse légèrement sur le mât, vers l'avant (il « abat »). La planche s'écarte du vent. Il pose son pied arrière SUR le footstraps, en continuant d'abattre progressivement. Alors que le flotteur avance, la main avant saisit le wishbone. Il continue d'abattre et se dresse sur la planche. Le pied avant n'est pas encore sur le flotteur. Il place son bassin assez bas, sous la voile, et grimpe complètement. Robert continue à abattre et à BORDER la voile pour éviter la tendance naturelle du flotteur à revenir face au vent.

• **On est content.** Il vous suffit alors d'étarquer vos lèvres et de sortir progressivement votre dentier Pepsodent des grands jours.

Le beach start, porte d'entrée dans le monde du fun, après le water-start bien sûr...

ABATTRE ET LOFFER

Ce sont les deux manœuvres des tout débuts qui permettent de s'orienter et de rejoindre un point déterminé, sur la côte ou sur l'eau. De deux choses l'une, soit vous êtes toujours sur une grande planche à dérive, dans ce cas (le vent n'est pas fort) ces deux manœuvres se feront à l'aide de la voile, soit vous êtes déjà passé sur une fun polyvalente plus courte (sans dérive) et dans ce cas (le vent s'est levé) abattre et loffer consistera principalement en une action des pieds du planchiste sur les rails (les bords) de la planche.

SUR GRANDE PLANCHE.

Abattre et loffer consiste à faire des zigzags sur l'eau. Abattre signifie que l'on bascule le gréement vers l'avant (le flotteur s'éloigne de l'axe du vent) et loffer que l'on bascule le gréement vers l'arrière (il s'en rapproche). Lorsqu'on loffe, on garde la voile bordée. Les mains se rapprochent du mât. L'avant de la planche s'oriente dans l'axe du vent. Si on maintient cette position, on arrive alors face au vent et... on tombe. Pour éviter ce désagrément, il faut alors abattre. On bascule le gréement vers l'avant. On choque (ouvre) la voile. Il faut fléchir bras et jambes et éviter de se faire entraîner en avant. La planche s'éloigne de l'axe du vent. Vous venez de changer d'amure.

Partir quand même... au moment fort.

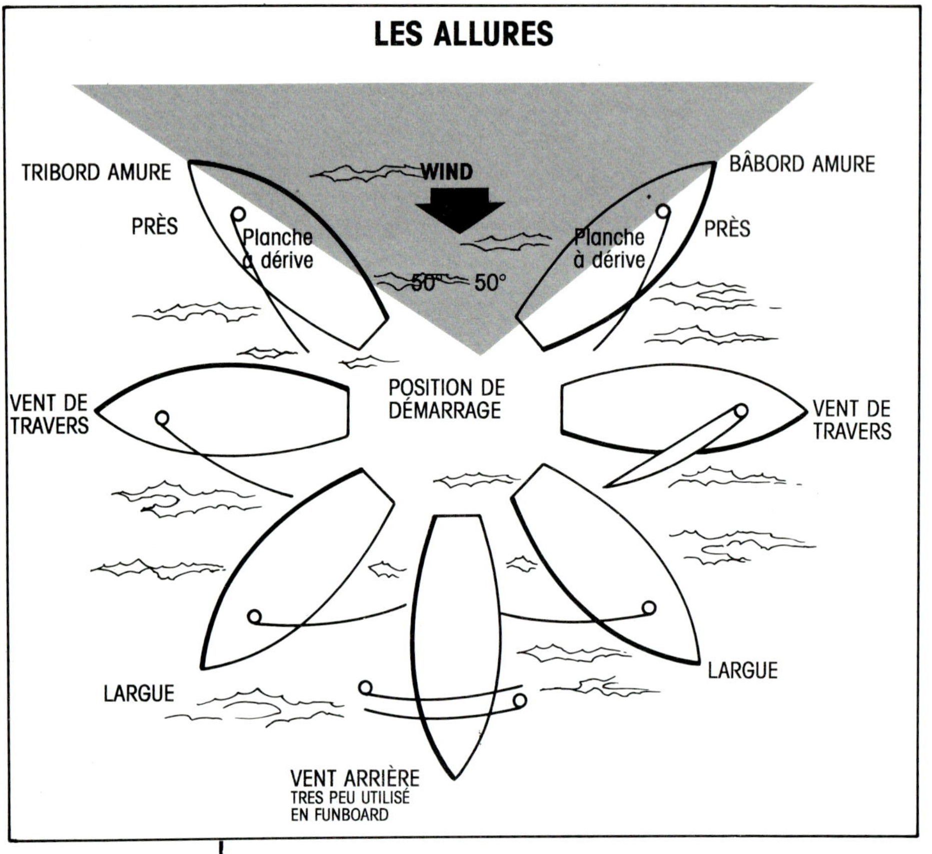
LES ALLURES
TRIBORD AMURE
BÂBORD AMURE
WIND
PRÈS
PRÈS
Planche
à dérive
Planche
à dérive
50°
50°
VENT DE
TRAVERS
POSITION DE
DÉMARRAGE
VENT DE
TRAVERS
LARGUE
LARGUE
VENT ARRIÈRE
TRES PEU UTILISÉ
EN FUNBOARD

SUR FUNBOARD.
Le vent est plus fort. Pour abattre, le corps bascule en avant, sur le bord extérieur, en se laissant emporter par la traction de la voile. Genoux vers l'avant, le poids du corps passe des talons aux doigts de pied. Malgré ce que l'on peut croire, la voile doit rester bordée (on choque légèrement). Cela équivaut à une prise carre comme au ski. Le mouvement est contrôlé en choquant la voile. Plus on veut abattre radicalement, plus on appuie fort sur le rail. Pour loffer, on prend également appui sur le bord intérieur de la planche en bordant la voile vers l'arrière.

LE VIREMENT DE BORD

La planche, tout comme un bateau à voile, permet de remonter au vent en tirant des bords (louvoyer) . Le principe en est simple : on loffe, jusqu'à se retrouver face au vent avec une vitesse nulle, puis on passe de l'autre côté de la planche et on recommence... Un long bord de près, un coup de lof, un virement de bord, un long bord de près... Le virement de bord est un des mouvements de base de la planche à voile. Et au lieu de vous surcharger de conseils et autres petits secrets, apprenez à enregistrer visuellement les étapes essentielles du virement.
– Robert arrive au près poussé par un vent que l'on peut qualifier de franchement pétolien. Il dégage le rail au vent en allégeant la pression sur son pied au vent. La dérive est complètement baissée. Robert amorce l'autoloffée du flotteur en basculant le gréement sur l'arrière.
– Tout en poussant sur le pied arrière, Robert borde la voile au-delà de l'axe de la planche. Observez la position des pieds de

Abattre, c'est s'écarter du vent pour perdre de la vitesse et du plaisir.

Pour virer de bord, il faut loffer au maximum pour se retrouver face au vent et passer de l'autre côté de la planche.

Tériitehau : le pied droit doit enfoncer le rail, aidant ainsi la rotation du flotteur.

– Afin de basculer efficacement le gréement sur l'arrière, il place une main sur le mât en continuant à border juqu'à ce que la planche ait dépassé l'axe du flotteur.

– La planche de Taî Pouet a dépassé l'axe du vent et se retrouve sur l'autre amure. Il ne lui reste qu'à faire passer la voile en la récupérant sur le nouveau bord.

– Robert « envoie » le mât sur l'avant pour faire abattre le flotteur et reprendre de la vitesse.

– Et c'est reparti les amis....

A noter : le mouvement de pas-chassé que fait Robert devant le mât doit être réalisé très rapidement. Entraînez-vous à rendre votre virement de bord dynamique en ne vous endormant pas devant le mât.

– Si vous engagiez votre virement au même moment que le dériveur à côté de vous et que, lorqu'il repart sous une autre amure, vous êtes toujours devant votre pied de mât, un conseil : arrêtez la prise de barbituriques.

LES TROIS JIBES

La manœuvre qui fera de vous un véritable funboarder. C'est à la fois un déclic et une apothéose. Un jibe, c'est un empannage rapide, une manœuvre qui permet de changer d'amure dans le sens de l'abattée (en quittant le lit du vent). Avec les petites planches de funboard, celle-ci devient vitale, car c'est à la fois plus rapide (cela permet de perdre moins de vitesse que le virement de bord), beaucoup plus plaisant (on « attaque »

Au début, si le vent n'est pas fort, mieux vaut garder le pied avant devant le pied de mât, pour un meilleur équilibre...

UP
PETER STUYVESANT
BiC Sport

UP
ULTRA PROFILE SAILS
PETER STUYVESANT
BiC Sport

Le début du jeu est simple. Sur le schéma de la page 88 sont notées toutes les opérations successives que l'on doit réaliser. Robert vous les montre en séquence. Enregistrez visuellement les manœuvres et retenez les indications concernant chaque partie du jibe petit temps.

comme sur une moto) et obligatoire (les petites planches ne remontent que très, très mal au vent).

Le manuel que vous tenez fermement entre vos petites mains boudinées n'est pas un bouquin d'apprentissage comme les autres : il va vous faire comprendre le jibe avant même de l'apprendre sur l'eau. La trouvaille, c'est qu'en fait, une fois sur l'eau, vous aurez l'impression d'enchaîner les mouvements comme si quelqu'un était derrière vous pour vous dire ce qu'il faut faire. Cette méthode est visuelle, indicative, éprouvée sur des milliers de débutants. Au lieu de vous anéantir de conseils techniques compliqués, elle vise, à l'aide d'indications courtes et précises s'appliquant à chaque stade du jibe, à vous donner les clés de cette manœuvre over-indispensable. Au moment où vous ferez telle ou telle erreur sur l'eau, vous aurez déjà en tête un début de solution. Là est la nouveauté. Une chose reste par contre indispensable : la pratique. Bien sûr....

Cette méthode, employée et testée par l'Ecole Driveurloc, sur la plage de l'Almanarre à Hyères, ne parle pas d'empannage classique pour le vent faible et de jibe pour le vent fort mais préfère distinguer trois types de jibe : **le jibe petit temps** (planche à dérive), **le jibe petite planche vent « faible à médium »** (au-dessus de force 1) et **le jibe petite planche vent fort**. Vous l'aurez compris, le pari est de se dire que « si je sais faire un JIBE (non pas un empannage) par petit temps, j'ai de fortes chances de le réussir par vent fort ». En clair, le débutant sait déjà passer un jibe dans du vent faible, alors que tout le monde sait que le jibe ne peut se faire que dans du vent fort. Et toc.

A l'aide des séquences photos, enregistrez les étapes des jibes que réalise pour vous Robert et imprimez-les définitivement dans votre petite tête grâce aux indications contenues dans les schémas suivants.

Le jibe, moment difficile de l'apprentissage. Il faut être tenace, patient pour comprendre parfaitement cette manœuvre primordiale.

JIBE PETIT TEMPS PLANCHE À DÉRIVE VENT FAIBLE

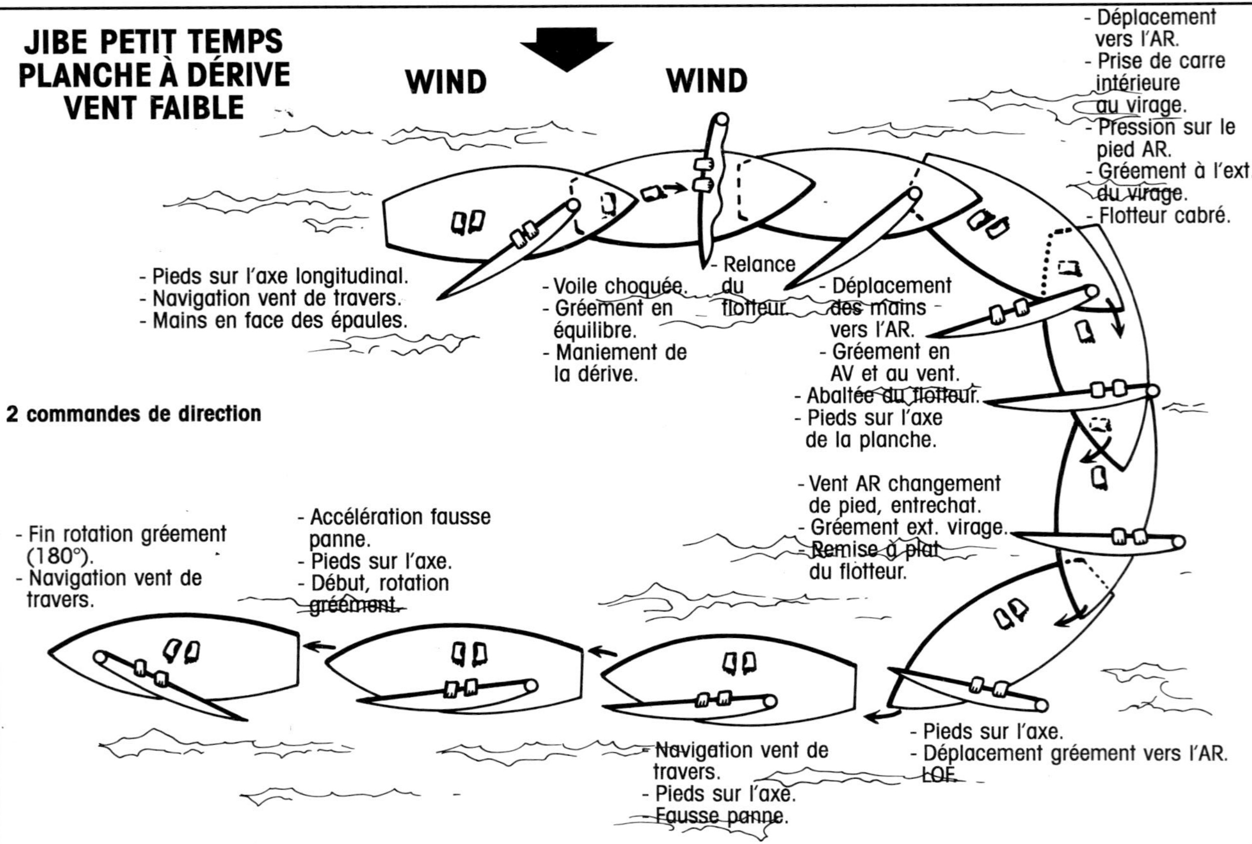

2 commandes de direction

JIBE PETITE PLANCHE

changement de pieds
changement de voile

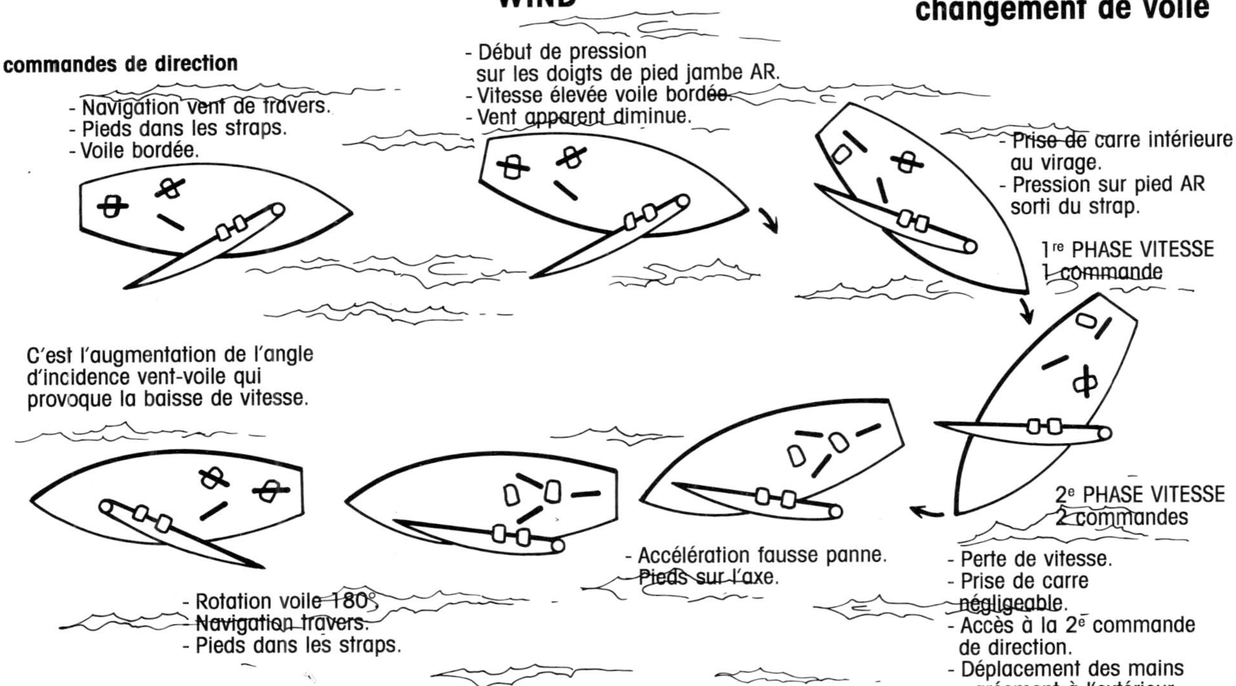

Jibe temps médium : le vent est monté, au-dessus de force 1 (et au-delà bien sûr, jusqu'à force 3), les pieds sont dans les footstraps. Reportez-vous sur le schéma jibe petite planche, vent supérieur à force 1 et enregistrez visuellement la séquence.

« *What is a jibe ?* ». Tout simplement un empannage. Cela s'écrit jibe et se prononce « djaiibe » en anglais. Mais c'est beaucoup plus qu'un simple empannage : le jibe est un empannage dynamique. Avec le jibe, vous entrez directement dans le monde du fun, vous sortez sans pleurer du monde de la planche pépère. Ce n'est plus seulement la voile qui fait changer d'amure mais votre position sur la planche (la prise de carre : on appuie par ses doigts de pied sur le rail intérieur et on jette son corps à l'intérieur du virage). Résultat : le flotteur empanne sans s'arrêter. Et comme le funboard, c'est la vitesse...

• Trois erreurs classiques, trois solutions.

– Dans vos premières amorces de jibe, vous avez tendance à voir votre planche continuer tout droit au moment où vous vous penchez, ce qui vous fait, dans les 3/4 des cas, boire la tasse. Il

FUJI RDP
4
FUJI RDP
5
FUJI RDP
6
3A
4
4A
5
5A
6

Easy, Robert !

UP
PETER STUYVESANT TRAVEL
BIC Sport

faut donc appuyer fortement sur le rail intérieur, sous le vent, du flotteur. N'oubliez pas, mes amis les cancrelats, que plus le vent est fort, plus il faut se pencher et attaquer le virage avec fougue. Sous peine de ne jamais boucler ce fichu jibe.

– Il arrive également qu'une fois que le virage est bien entamé, on perde la maîtrise de la planche parce que la vitesse du flotteur est trop importante. Là encore, tout est dans l'appui que l'on donne sur le rail sous le vent de la planche. Pour éviter de sombrer, il vous faut bien fléchir les jambes en faisant, si c'est nécessaire, avancer les genoux vers la bordure de la voile. Le centre de gravité étant ainsi abaissé, la chute pourra être évitée.

– Autre erreur classique, en fin de jibe, on a tendance à se retrouver bêtement scotché, sans pouvoir attraper sa voile. Résultat : c'est la chute (en arrière). Il faut donc boucler son jibe en étant un peu plus sur l'avant. Au besoin, bien appuyer sur la jambe avant et tendre son bras (avant également) pour laisser partir le gréement devant.

Attention : – il ne faut pas confondre appui intérieur et appui arrière. Il est impératif de préférer l'appui intérieur (sur le rail) à une pression sur l'arrière du flotteur, tout simplement parce que le premier permet de garder de la vitesse pour mener à bien son jibounet,

– il ne faut pas empanner la voile trop tôt. Le mieux est d'attendre que le vent ait tout juste commencé à prendre à contre pour empanner plus vite. Dans le petit temps, la voile pourra même rester plus longtemps en fausse panne avant d'être empannée.

LE DUCK-JIBE

Le jibe canard, alias duck jibe n'a rien avoir avec le Saturnin de notre enfance puisque « to duck » signifie « passer en dessous » (de la voile, en l'occurence) : c'est le jibe version frime et Robert nous en offre un modèle bien péchu. C'est beau à voir, difficile à faire mais à force d'entraînement, je le sais, vous y arriverez.

LE SHAMPOING

Rien de tel qu'un bon rafraîchissement après avoir transpiré sur son jibe pendant une heure. Le shampoing est une des manœuvres les plus faciles et les plus plaisantes. Ne restez tout de même pas trop longtemps sur l'eau. Whaaaa ! Robert !

LE BODY DRAG

Le principe est simple. Pendant la navigation, il faut se lâcher et se laisser traîner à côté de son flotteur : plus facile à dire qu'à faire, le body (corps) drag (qui traîne) est une manœuvre qu'il faut travailler longtemps. Robert est l'un des spécialistes incontestés de cette figure et il nous offre ici un body drag bien rock and roll !!!

JIBE PETITE PLANCHE

WIND FORT

changement de voile
changement de pieds

1 commande de Direction

VITESSE ÉLEVÉE DURANT TOUTE LA MANŒUVRE

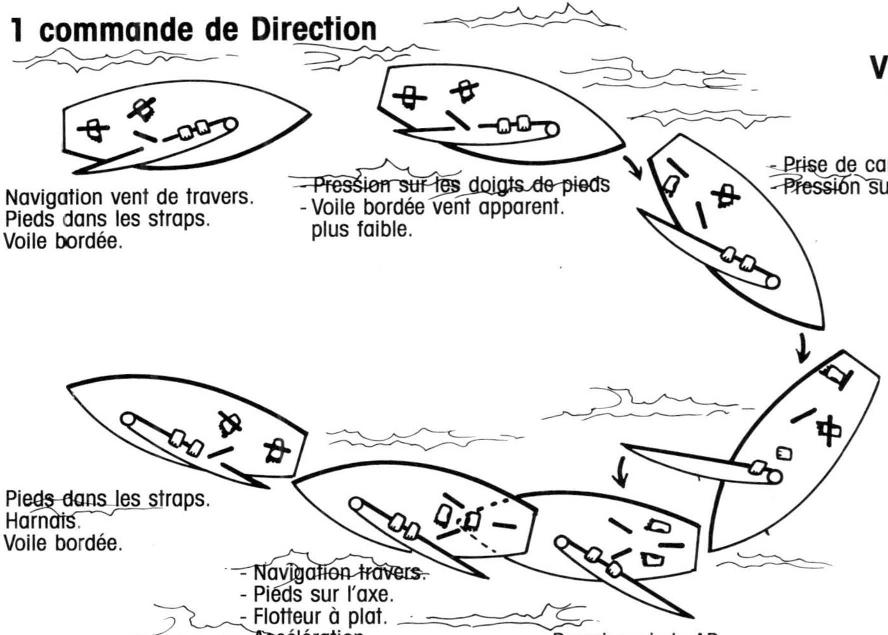

Le jibe vent fort. Jetez- vous sur le schéma page 93 et admirez la séquence de Robert. Faites correspondre ses positions sur la planche à celles indiquées sur le schéma.

LE WATERSTART

Encore une expression du génie des funbaorders : cette manœuvre permet d'exploiter au MAXIMUM la force du vent, tel un colosse servile. Waterstart signifie en français : départ dans l'eau ou départ de l'eau. Pour utiliser les petites planches de fun qui flottent mal ou difficilement (rassurez-vous, vous n'aurez jamais à aller chercher un sinker au fond de l'eau, mais leur faible volume les fait flotter entre deux eaux, une fois le pilote posé sur le pont), il est hors de question de s'épuiser à relever la voile par le tire-veille. Avec un vent suffisant, on peut se faire extraire hors de l'eau par la voile. C'est la même sensation qu'un départ en ski

Le body-drag. Le corps traîne à côté de la planche. Sensations très fortes !

Le duck-jibe ou le jibe version frime. Une technique moins facile qu'on ne pourrait le penser. Seul l'entraînement paye !...

nautique. La différence fondamentale, c'est qu'en ski nautique, vous subissez plus ou moins ce départ. En planche, vous aidez au waterstart, vous ne devez pas être passif en attendant que la voile vous sorte de l'eau.

Position initiale de départ :

– flotteur travers au vent

– mât dans l'axe longitudinal du flotteur

• Ordre chronologique des actions (pour ceux qui ont manqué le début)

1 – Levez légèrement le gréement (20 cm) sur un plan vertical avec la main sur le mât, la voile se vide de son eau, le vent s'engouffre dans la voile, tout va bien.

Le shampoing ou la propreté des cheveux en navigation.

Le flotteur est orienté en travers du vent. Robert se place derrière le flotteur et doit peu à peu ramener son corps sur le côté de la planche. Il lève la voile progressivement, saisit le wishbone par les oreilles...

... puis ramène son bassin afin de poser le pied arrière sur le flotteur.

2 – Nagez au vent, la main avant sur le mât en décrivant un mouvement d'ellipse vers le vent et décollez la voile de l'eau, la main arrière saisit le wishbone.

3 – Les 2 mains sur le wishbone, nagez vers l'avant du flotteur, pour amener le centre de voilure à la verticale du centre de dérive et avoir une planche neutre.

4 – Flotteur bien au vent de travers, on positionne le talon de son pied sur l'axe longitudinal du flotteur.

5 – Tendre les bras pour avoir le gréement le plus vertical possible, ramener le bassin le plus près possible du flotteur.

6 – Pieds arrière à plat, bras tendus, et hop, on monte sur la jambe arrière, voile bordée sans exercer de traction sur les bras.

7 – Le pied avant vient gentiment se positionner sur l'axe longitudinal.

Plus on borde, plus on monte. La main arrière ramène le wishbone vers soi mais la voile reste sur le plan vertical. Alors que le pied arrière monte sur le footstrap arrière, le bassin se déplace en plan horizontal vers le dessous de la voile.

Robert parvient à la position de départ.

15
FUJI RDP
16
FUJI RDP
17
FUJI RDP
PETER STUYVESANT TRAVEL
BIC Sport
F-35
15
15A
16
16A
17
17A

21
FUJI RDP
22
RDP-125
23
FUJI RDP
21
21A
22
22A
23
23A

1
FUJI RDP
2
RDP-125
3
FUJI RDP
PETER STUYVESANT TRAVEL
BIC Sport
1
1A
2
2A
3
3A

7
FUJI RDP
8
FUJI RDP
9
FUJI RDP
BIC Sport
F-35
7
7A
8
8A
9
9A

Enregistrez bien ces séquences et adaptez-les aux indications INDISPENSABLES en pages 96-98.
Situation 1 : vent de droite. La voile est sous le vent, la planche dans le mauvais sens. Robert soulève la voile en prise au vent et la laisse basculer sous le vent, écoute en arrière. En bordant tout simplement la voile. Ensuite, il saisit le wish au point d'écoute, le lève jusqu'à ce que la voile soit en prise au vent. Elle bascule une nouvelle fois pour se remettre en position de départ. Et hop !
Situation 2 : le principe reste le même. Robert cherche, en sortant la voile, la prise au vent, et la fait passer sous la bonne amure. Ne pas oublier de pédaler dans l'eau quand le flotteur est travers au vent.

Situation 3 : la voile est sous le vent. Ecoute en arrière. Robert tient l'arrière. Il prend ensuite le wishbone au point d'écoute et descend les mains sur le wish vers le mât. Quand la voile est en prise au vent, elle bascule de l'autre côté. Robert se retrouve en position finale.

Situation 4 : Robert est sur le point de parvenir à partir en waterstart. Il lève le gréement sur un plan vertical avec la main sur la mât. Il nage au vent en décrivant un mouvement d'éllipse vers le vent et décolle la voile de l'eau, la main arrière saisit le wish. Il nage vers l'avant du flotteur. Flotteur positionné vent de travers. Les bras sont de plus en plus tendus. Le talon de son pied arrière se positionne sur l'axe longitudinal de la planche.

La phase finale du waterstart. Vous entrez dans l'univers du funboard.

Pendant toute cette délicate opération, il faut exercer un rétro-pédalage (la jambe restée dans l'eau pédale énergiquement) pendant toute la manœuvre au vent et bien garder à l'esprit que la voile doit être porteuse et non propulsive

BiC Sport

interwind

Pour naviguer de mieux en mieux

Vincent Lartizien, un Français qui vit à Hawaii, spécialiste des grosses vagues.

Karl Tacito, Tahitien et bon copain de Robert, majestueusement doué dans les vagues.

VOUS SAVEZ MAINTENANT PARTIR, REVENIR, VIRER DE BORD, JIBER, PARTIR DANS L'EAU. BREF, VOUS ÊTES DÉJÀ GRAVEMENT ATTEINT. VOTRE STYLE DE NAVIGATION RESTE ENCORE À AMÉLIORER. CES « TRUCS QUI TUENT » SONT, EN FAIT, DES ÉLÉMENTS QUE LE FUNBOARDER DÉBUTANT SE DOIT DE MAÎTRISER TRÈS RAPIDEMENT.

US321
PETER
STUYVESANT
TRAVEL

Rush Randle, 20 ans, Hawaiien blanc, l'un des meilleurs spécialistes des vagues et qui a battu son idole Robby Naish pour la première fois en novembre 90.

• Le vent est fort, baisse ta dérive !!

Pour ceux qui ont appris sur une funboard courte (AstroRock par exemple), le problème ne se pose plus. Par contre, pour tous ceux qui naviguent sur une longue funboard, une bonne utilisation de la dérive est essentielle. En général, il faut naviguer avec la dérive bien baissée, ce qui permet de faire un bon cap (remonter au vent) et donc de rentrer facilement sur le bord de la plage. Cependant, il ne faut pas longtemps au funboarder débutant pour se rendre compte que la dérive n'a plus aucun effet sur certaines allures, comme le vent arrière. Si vous ne remontez pas votre dérive en vent arrière, elle risque de vous faire un « croche-pied » dans l'eau... En vent arrière, il faut la relever et se reculer sur le flotteur. Quand le vent est faible, gardez votre dérive baissée.

Au près, c'est-à-dire on remonte dans l'axe du vent, elle est indispensable. Au largue, la force propulsive commence à être supérieure à la force de dérive et il faut la remonter un peu. Plus le vent forcera, plus la planche partira au planning et plus vous devrez remonter votre dérive. En fonction de chaque allure, votre position sur le flotteur change. Au près, vos pieds sont parallèles, près du pied de mât. Les jambes son tendues. Au vent de travers, vos pieds sont alors au niveau de la dérive.

Au largue, vous vous reculez encore et placez votre pied avant sur le puits de dérive. Le pied arrière est dans l'axe du flotteur ; la jambe avant est tendue. La jambe arrière fléchie (pour éviter de vous faire entraîner par la force de la voile, vers l'avant).

Au vent arrière, les pieds sont derrière le puits de dérive, bien écartés et parallèles à celui-ci, pour garder une bonne stabilité latérale au flotteur. Inclinez le gréement sur l'amure d'où vient le vent. En vent arrière, il faut sans cesse se servir de son poids et de sa répartition sur la planche pour éviter de se retrouver dans une autre amure (voile à contre). Apprenez à maîtriser cette allure, cela vous servira pour le jibe petit temps (empannage classique).

• Une meilleure position, c'est bon.

Le vent forcit. Il faut impérativement bien se placer sur le flotteur. Il faut se reculer de plus en plus. Au près, on se place au niveau du puits de dérive. Les bras sont légèrement fléchis, le regard droit devant. Jambe arrière souple, jambe avant presque tendue. Il faut se pencher vers l'eau de plus en plus. Sensations garanties... LE MÂT DOIT CEPENDANT RESTER LE PLUS VERTICAL POSSIBLE. De plus, il faut garder sa voile bien bordée (dès que le vent baisse, il faut choquer la voile et se redresser sous peine de tomber). RESTEZ SOUPLE POUR AMORTIR LE CLAPOT, LES RISÉES ET LES DÉVENTES...

• Régler son pied de mât, c'est bien.

On vous l'a dit et répété, plus le vent se lève et plus la planche à tendance à partir au planning. La position du pied de mât doit changer en fonction de la force du vent. Dans du petit temps, il faut avancer le pied de mât sur son rail. Inversement, dans le gros temps, il faut reculer le pied de mât. En déplaçant le pied de mât, vous devez choquer légèrement votre voile et tirer le gréement vers l'arrière de la planche.

• Mettre ses pieds dans les straps, c'est mieux.

Au début, pour tout le monde, grande est l'appréhension de placer ses petons dans ces drôles de cale-pieds. En fait, cette peur n'a pas lieu d'être ! A partir d'une certaine force de vent, il est indipensable d'utiliser les straps, sous peine de se faire éjecter du flotteur. Pour y arriver sans problème, allez-y progressivement. Quand la planche est au planning, reculez vos mains sur le wishbone, tirez légèrement le gréement vers l'arrière tout en reculant sur le flotteur. Glissez le pied avant puis le pied arrière. N'insistez paz si le vent est faible et contentez-vous s'il est « limite », de poser vos pieds sur les straps, pour bien sentir la position...

• S'accrocher au harnais, c'est gai.

Lorsque l'on débute, il est préférable de régler un peu plus long que la normale ses bouts de harnais, pour s'accrocher plus rapidement. Une fois que les pieds sont dans les straps, ramenez le wishbone vers vous. Vous pouvez crocheter. Un conseil : n'allez pas au « bout ». C'est l'inverse qu'il faut faire. Une fois accroché, penchez-vous bien en arrière, n'hésitez pas à tomber à l'eau pour évacuer votre « peur » dans les premières tentatives. Les bras sont tendus (vous regardez toujours devant vous) et ne doivent pas forcer mais uniquement servir à régler l'orientation de la voile. La chute en avant, lorsque la force de la voile vous emporte, fait peur, mais sachez que seul un choc avec le mât ou le wish dans du vent très très fort est dangereux. Un conseil valable pour toute la famille et quelles que soient les manœuvres que l'on fait en planche : il faut toujours rester très calme, ne jamais paniquer et ne pas hésiter systématiquement à chuter. En funboard, les chutes sont formatrices.

• **Remonter au près avec une planche sans dérive.** En navigation, la planche est soumise à la force du vent dans le gréement qui, en s'équilibrant avec la force anti-dérive, permet au flotteur d'avancer sur l'eau. Les bras et le corps du planchiste encaissent la pression du vent ; les jambes et les pieds retransmettant cette force sur le flotteur. Démunie d'aileron ou de dérive, la planche se contenterait de dériver. La force anti-dérive est donc indispensable. Cette force anti-dérive est déterminée par la profondeur de l'aileron et de la dérive. Plus ils sont profonds, plus la planche remonte efficacement au près. Mais il faut savoir doser : plus on réduit sa surface de voile, plus on doit réduire celle de la planche et de l'aileron.

Quelle technique de navigation faut-il pour bien remonter dans l'axe du vent, autrement dit ne pas perdre du terrain ? Bon, vous partez au planning. Ne cherchez pas tout de suite à remonter au vent. Prenez d'abord un maximum de vitesse, au largue, le pied sur l'arrière éventuellement, en dehors du footstraps si le vent est insuffisant. Lorsque les deux pieds seront glissés dans les footstraps, engagez l'autoloffée en appuyant sur le rail sous le vent : le flotteur naviguera ainsi légèrement sur la gîte. En fonction du shape des planches, certaines s'avèrent plus rapides quand elles sont franchement sur la gîte ou au contraire très légèrement. A vous de sentir quelle est la position qui convient le mieux. La navigation au près est une navigation de type « tendue ». Il faut tendre au maximum, et les bras et les jambes, border sa voile en amenant la bordure directement sur le pont. Ce dernier point est capital : tant que la voile n'est pas bien bordée, vous n'aurez pas amené la planche à ses dernières limites. N'appuyez pas trop sur l'aileron (risque de décrochage de la planche, ce que l'on appelle le spin-out) et gardez surtout les jambes bien raides. Plus le clapot est dur, plus il faut avoir les jambes raides, histoire de l'encaisser correctement (le clapot).

ALLER PLUS VITE

Pour aller plus vite, le vrai secret, c'est d'abattre. En planche, même avec du matériel de série (qu'ils utilisent rarement), les plus grands coureurs de vitesse comme Pascal Maka ou Thierry Bielak, sont capables d'atteindre de telles vitesse que vent apparent et vent réel deviennent très différents. Le vent apparent est celui que ressent le planchiste. Il s'agit d'un vent relatif, combinaison du vent réel et du vent vitesse (due au déplacement de la planche). Il est refusant par rapport à l'axe du vent réel et sa force est supérieure à celui-ci. C'est précisément ce qui permet au planchiste de naviguer plus vite que le vent. Au niveau de la technique, le principe est le suivant. A très haute vitesse, il faut être à la limite de la chute avant. En naviguant vite, on ratrape les vagues, ce qui donne des chocs réguliers sur l'avant de la planche. Ces chocs agissent comme des coups de frein, ce qui vous amène, pour de multiples raisons à vous reculer sur la planche, en risquant le décrochage de la planche (vous vous reculez pour vous sécuriser, mais cela devient plus fatigant pour votre petit corps). L'idéal est de naviguer à plat, en appui sur vos deux jambes. Vous rebondissez de vague en vague, ou sur le clapot. Et là, oui, vous allez vite ! Enfin....Robert va vite.

PREMIERS SAUTS

Vous êtes enfin capable d'entrer dans la légende du windsurf, et de postuler l'admission dans le gang des surfers et jumpers fous, ceux qui strient le ciel de leurs sloopings et ne laissent pas une vague sans l'avoir lacérée de sérieuse manière.

Oui, mais avant de vous prendre pour un autre (Robert dans le rôle de l'autre), savez-vous au juste d'où viennent les vagues ? Non ? Bon, sortez-moi une feuille blanche. Vite. Mokthar, vous viendrez me voir à la fin du cours.

Les vagues naissent avec le vent. En se déplaçant à la surface de l'eau, celui-ci crée une onde de faible amplitude. En dessus d'une certaine force de vent, les rides ne se développent pas uniformément. Dès que le vent dépasse 4 nœuds, les rides se développent pour atteindre une certaine hauteur. Ensuite, le phénomène s'amplifie avec l'augmentation de la force du vent, du fait de la dépression qui s'éloigne dans le creux des vaguelettes. La dimension des vagues sera fonction de la vitesse du vent, de sa durée, de l'étendue d'eau sur laquelle il souffle. Il existe même des lois, oui, des lois, pemettant de calculer la hauteur des vagues en fonction de ces éléments. Si le vent souffle longtemps, les vagues s'allongent et peuvent parfois se déplacer plus vite que la dépression dont elles sont issues. En la quittant, elles deviennent houle. C'est ainsi que l'approche d'une forte houle peut annoncer l'arrivée d'une dépression ou son passage récent. Posez vos stylos. Je passe dans les rangs.

JUMPER

Jumper vos premières vaguelettes,d'accord, encore faut-il passer les mousses (les vagues qui viennent tout juste de déferler). Pour

Robby Naish, le dieu Hawaiien, l'incarnation vivante de la planche à voile, le King pour toujours, le maître incontesté, le... bon je me calme...

cela, un conseil dé-ter-mi-nant, votre flotteur doit toujours être perpendiculaire à la vague. Sinon, vous serez fauché par la vague. Il vous faut fléchir les genoux, rester compact en arrivant sur la mousse. A ce moment-là, il faut vous redresser, tendre les jambes en rentrant en contact avec la mousse. Une fois passée cette étape moins simple qu'on ne le pense, on peut tenter son premier jump sans chercher à faire le méga-saut, mais à profiter du vent et de la vague pour réaliser un jump plus en longueur qu'en hauteur. Il faut un maximum de vitesse (être au largue). Les pieds dans les straps. En arrivant au contact de la vague, il faut appliquer la technique du « border/pousser » Il faut pousser le flotteur sur l'avant en effectuant une pression sur le bout de ses pieds. Il faut ensuite border sa voile. Pendant le décollage, ramenez votre pied arrière vers votre corps. Il faut faire la même chose pour la voile avec les bras pliés. Pour la réception, il faut éviter de tomber avec la planche à plat et chercher, s'il vous plaît, à enfoncer en premier le nez ou l'avant du flotteur (nose dive) pour amortir.

VOS PREMIERS SURFS

Le surf est certainement ce qu'il y a de plus majestueux dans les vagues. Il n'est pas utile d'avoir des vagues de 10 mètres pour prendre du plaisir. Déjà, lorsque vous reveniez vers le bord et que vous dépassiez la houle, ne sentiez-vous pas une force importante qui accélèrait votre planche rendant par là-même votre voile (qui est à contre), superflue... Vous SURFIEZ sans le savoir ! Mini technique du surf backside (La vague est dans le dos du planchiste, cas le plus classique).

SURFER

La vague est là et vient de vous rattraper. Si vous allez trop vite pour elle, qui est derrière vous, choquez un peu. Dès que vous sentez qu'elle se rapproche, bordez légèrement pour reprendre de la vitesse sinon elle poursuivra son voyage sans vous. Dès que vous y êtes, il faut abattre vers la pente en portant son appui sur la carre sous le vent. Bravo, c'est votre premier bottom-turn et là, vous pouvez vous le dire, VOUS ÊTES UNE GRAINE DE SURFER! ! WHAAAAAAA ! PURÉE DE MA MÈRE ! Ensuite essayez de remonter sur la vague en appuyant sur le rail au vent en bordant votre voile. Sur la lèvre de la vague, il faut déclencher l'abattée en poussant son mât sur l'avant et modifier la pression du pied arrière sur le rail en appuyant sur le côté sous le vent. La vague déferle alors derrière vous. La planche doit rester perpendiculaire à la mousse qui se déforme...

THE END

Maintenant, il ne vous reste plus qu'à rêver devant les prouesses des champions, que ce soit sur le papier glacé de Wind magazine où sur les spots de la World Tour, si un jour vous avez la chance de croiser ces félés célestes. N'oubliez pas que Hawaii est partout où vous voulez qu'il soit : à Créteil, à Douarnenez, Biarritz ou encore à l'Almanarre. La France est le paradis des sports aquatiques. La planche à voile une passion dévorante. Tenace. Toutes les figures, manœuvres et autres transitions radicales que Robert vous a dévoilées tout au long de cet ouvrage, et puis toutes les autres, les inaccessibles, sont à votre portée si vous vous donnez le temps et l'énergie suffisante. Mais n'oubliez surtout pas : pour progresser en planche à voile, il n'y pas de secret. Il faut naviguer. Naviguer encore et toujours. Le plaisir de la glisse est à ce prix. Bonne chance à tous et à toutes.

Robert et Manolo Barlet, deux Calédoniens tout fous, qui n'oublient pas que la planche à voile, c'est une joie de vivre à communiquer, un fabuleux plaisir, un sport grand comme ça !...

A Port-Leucate vous trouverez réunis en un même lieu tous les attributs nécessaires à la pratique du funboard.

VOUS CHERCHEZ UN LIEU VENTÉ, ENSOLEILLÉ, POUR APPRENDRE EN TOUTE SÉCURITÉ

Surf Center

A PORT LEUCATE

VOUS PROPOSE UN LAC MARIN, LE VENT TOUJOURS PRÉSENT, LE SOLEIL DE LA MÉDITERRANEÉ, UNE ÉCOLE TOUS NIVEAUX AVEC LA POSSIBILITÉ DE SÉJOURS À LA CARTE ET LA LOCATION D'APPARTEMENTS.

DOCUMENTATION
GRATUITE
SUR SIMPLE
DEMANDE
SURF CENTER
AVENUE
DE SEPTIMANIE
BP 12
11370 PORT-LEUCATE
TEL. 68.40.91.04
FAX. 68.40.70.05

ANNEXES

O

Ù APPRENDRE LA PLANCHE À VOILE
ET VIBRER EN ATTENDANT FORCE 6
OU 7 BEAUFORT.

LES FORCES DU VENT

Avant tout, sachez observer le ciel. Pour résumer, disons que perturbations et anticyclones se partagent le ciel. L'observation des nuages peut vous fournir d'excellentes indications sur les batailles en cours. Sans entrer dans le détail (on divise les nuages en six catégories, apprenez simplement, si vous ne le savez pas encore, que les nuages cumuliformes (cotonneux) se forment dans un air instable, ils s'étirent en longueur. Plus les nuages montent haut, plus le vent est fort, ou risque de l'être. De leur côté, les nuages stratiformes, sous forme de voiles réguliers, témoignent d'un air stable.

L'ÉCHELLE DE BEAUFORT

(plus c'est fort, plus c'est fun)

Force Beaufort	Terme descriptif	vitesse du vent	
		Nœuds	Km/h
0	Calme		
1	Très légère brise	1	1
2	Légère brise	1-3	1-5
3	Petite brise	4-6	6-11
4	Jolie brise	11-16	20-28
5	Bonne brise	17-21	29-38
6	Vent frais	22-27	39-49
7	Grand frais	28-33	50-61
8	Coup de vent	34-40	62-74
9	Fort coup de vent	41-47	75-88
10	Tempête	48-55	89-102
11	Violente tempête	56-63	103-117
12	Ouragan	64	118

MAIS COMMENT APPRENDRE ?

L'état de l'enseignement de la planche à voile en France n'est pas mauvais, il est catastrophique. Le constat n'est pas neuf. Pour un sport qui compte plus de deux millions de pratiquants de toutes origines (du coureur semi-pro au planchiste du dimanche), la situation est plus que désastreuse. A qui la faute ? Sans entrer dans le détail, sachez que, d'un côté somnole depuis longtemps et à poings fermés une Fédération Française de Voile, (au demeurant chargée « d'assurer l'enseignement et la promotion » de notre sport), et de l'autre fleurissent en période estivale des organismes qui se disent « centres d'apprentissage » mais qui ne sont en fait que de simples loueurs de planches. La FFV ne faisant pas la police à ce niveau, ces « imposteurs » (qui ne font que répondre à une demande plus forte que d'habitude) parviennent cependant chaque été à un résultat honorable : dégoûter à jamais le débutant de la planche à voile. Pourtant, des écoles, compétentes et fiables, existent. Elles développent une pédagogie du fun basée sur l'expérience, la simplicité, et pour certaines l'originalité. Les moniteurs y sont diplômés et motivés, le matos impec, le cadre toujours sympa. On y vient pour apprendre, on y retourne pour progresser. La liste qui suit (et qui est loin d'être exhaustive) est tout sauf un classement. La réputation des stages dispensés dans ces écoles n'est plus à faire. Pour bien les connaître, nous leur faisons confiance. Contactez-les. Soyez exigeant. Elles répondront au mieux à vos attentes.

Les Bic Center (en France ou à l'étranger).
Contact : Agence Nouveau Monde
Tél. : 43 29 40 40

Etat de la mer

1 Le vrai miroir
2 Quelques rides
3 Des vaguelettes apparaissent
4 Petites vagues. Quelques moutons
5 Les vagues se creusent. Embruns.
6 Nombreux embruns.
7 Les crêtes déferlent
8 Longs rouleaux.
9 L'écume vole. Le vent hurle.
10 Mer toute blanche.
11 Eau comme pulvérisée. Vagues énormes
12 Catastophe naturelle.
13 Cataclysme

Etat du planchiste

Prise de Témesta, déprime à tout va
Ses cheveux se redressent, il se tape les fesses
Il se lève, scrute la mer et commence à braire
Bonds dans tous les sens, joie immense
Pugilat sur la plage, fête au village
Mémés qui volent, planches qui décollent
Là c'est Baston, « faut gréer petit, tonton » !
Si on est croyant c'est le moment de prier
Ceux qui vont naviguer sont des félés
Une seule solution : on rentre à la maison
Maman, me laisse pas tout seul !
Ceux qui tiennent debout sont des mutants
Si vous avez un ami qui se nomme Noé,
c'est le moment de l'appeler

Les centres UCPA (en France et à l'étranger).
Paris.
Tél. : 43 36 05 20

MEDITERRANÉE
Driveurloc Organisation (une des meilleures).
Hyères.
Plage de L'Almanarre.
Tél. : 94 38 51 62.
Contact : Hubert Gaudemard

Mistral Center
Presqu'île de Giens.
Tél. : 94 29 44 34.
Contact : Marc Laforges

Surf Center.
Port-Leucate.
Tél. : 68 40 91 04
Contact : Patrick Arbeaumont

Bic Center
Cap Chabian.
Tél. : 66 73 60 60
Contact : Olivier Marc

Mar Bello.
Le Lavandou.
Tél. : 94 71 67 79.
Contact : Didier Vasse

MANCHE
Quai 34 Surf School.
Saint-Malo.
Tél. : 99 40 07 47

Benjamin Funboard School,
Wissant.
Tél. : 21 35 53 39

Stade Nautique du Val André,
Pleneuf Val André.
Tél. : 96 72 91 20

ATLANTIQUE
Le Bihan Surf School.
Douarnenez.
Tél. : 98 74 22
Contact Dominique Le Bihan.

Club Kakikouka.
Plougouvelin.
Tél. : 98 48 22 20

Crocodiles de l'Elorn.
Brest.
Tél. : 98 41 73 21

Wave School.
La Tranche.
Tél. : 46 41 20 22

Nova Fun.
La Tranche. Tél. : 51 27 42 90
Holywind.
La Baule. Tél. : 40 61 59 30
Diabolo Fun.
Saint-Denis d'Oléron. Tél. : 46 47 95 46.
Contact : Didier Lafitte

LES PLANS D'EAU INTÉRIEURS

Ile-de-France :
le lac de Moisson-Lavacourt (infrastruture), celui de Léry-Poses. Les étangs de Saint-Quentin. N'oublions pas le lac de Créteil, centre mondial de la pétole.
Franche-Comté :
le réservoir du canal de Champagney, le lac Chatelain et le lac Vouglans.
Lorraine :
le lac de Madine.
Champagne :
le lac du Der et de la forêt d'Orient.
Bourgogne :
lacs de Torcy, Saint-Agnan et Settons.
Limousin :
le lac de Vassivières.
Rhône-Alpes :
le lac de Monteynard, d'Ancône, Léman...
Midi Méditerranéen :
le lac de Sainte-Croix, du Salagou.
Midi Pyrénées :
Le lac de la Guanguise.
Centre :
l'étang de Belle-bouche, les lacs de Mareuil, de ***Loire.***
Et cœtera. La France est le paradis de la planche à voile !

LE TEMPS

• Les répondeurs de la Météo nationale
Le Havre : 35 21 16 11
Caen : 31 75 14 14
Cherbourg : 33 43 20 40
Saint-Nazaire : 40 04 15 15
La Rochelle : 46 41 11 11
Biarritz : 59 22 03 30
Perpignan : 68 61 03 92
Corse : 95 20 12 21
• Les répondeurs régionaux (3,65F/mn)
Numéro général : 36 65 00 00
Brest : 36 65 02 29
Lorient : 36 65 0256
Perpignan : 36 65 02 66
Toulon : 36 65 02 83
Littoral Sud : 36 65 08 09
Wind's Up (Provence-Alpes-Côte d'Azur) :
36 65 10 11

ROBERT : « LA planche, j'y pense tout le temps.. Ça me rend dingue ! C'est plus qu'un métier et plus qu'un simple sport !...

TRAVEL
Sport

F.35
UP
BiC Sport

LE SIGNE DE reconnaissance des planchistes entre eux, le hang loose, d'origine hawaiienne, Shaka Bra, Robert !